发现岩画

李祥石 著

黄河出版传媒集团
宁夏人民出版社

图书在版编目（CIP）数据

发现岩画 / 李祥石著. —银川：宁夏人民出版社，
2012.5

ISBN 978-7-227-05209-8

Ⅰ.①发… Ⅱ.①李… Ⅲ.①岩画–研究–宁夏

Ⅳ.①K879.424

中国版本图书馆CIP数据核字（2012）第104688号

发现岩画   李祥石 著

责任编辑 刘建英

封面设计 千 寻

责任印制 丁 佳

黄河出版传媒集团
宁夏人民出版社 出版发行

地　　址	银川市北京东路139号出版大厦（750001）
网　　址	http://www.yrpubm.com
网上书店	http://www.hh-book.com
电子信箱	renminshe@yupubm.com
邮购电话	0951-5044614
经　　销	全国新华书店
印刷装订	宁夏雅昌彩色印务有限公司

开本　720mm×980mm　1/16　　　印张　16.25　　字数　240千
印刷委托书号　（宁）0008808　　　印数　4000册
版次　2012年5月第1版　　　　　印次　2012年5月第1次印刷
书号　ISBN 978-7-227-05209-8/K·728

定价　37.00元

序　言

岩画始于史前,是人类造型艺术的滥觞,开创了原始艺术的先河。岩画反映了远古以来的经历和成长,是人类生存活动的真实记录和连续性的历史篇章。

岩画学具有巨大的人文价值,为研究民族学、历史学、人类学、考古学、美学等提供了大量形象资料。

宁夏有着丰富的岩画,是一座取之不尽用之不竭的文化宝库,内涵丰富,博大精深,是我国岩画发祥地之一,在世界岩画之林中占有一席之地。

说起宁夏岩画就不能不提到李祥石。李祥石是西北第二民族学院岩画研究中心研究员,自20世纪60年代末第一个发现贺兰口岩画至今,在岩画的世界里,李祥石留下了一串串真实而执著的足印,从岩画爱好者成为专家,凭着对岩画的挚爱,默默奉献,锲而不舍,在探索中他找到了人生的支点。

这本书就是他亲身经历的真实写照,也是看似寻常的山野考察中,经历过生离死别的考验;在看似平静的岩画研究中,他付出过别人想象不到的艰辛和努力,也悟出许多岩画的奥秘……他在岩画研究的道路上一波三折,他质朴而坚韧的探索精神,投入而忘我的不懈追求,以及他对雄浑壮美的贺兰山和荒凉沉寂的卫宁北山大麦地朴素而热烈的情感,有如岩画一般深邃而生动,鲜活而丰富。

这本书不仅记述了李祥石在岩画研究事业上的成长经历,同时也是一部当今岩画学的简史。独特的人生积累,丰富而精彩的中外岩画资料,使这本书在跌宕起伏、妙趣横生的故事中又不失厚重。

我认为,人总得有点精神,也许就是凭着这点精神,李祥石才能在寂静的岩画研究领域坚持了这么多年。

　　我想说,有理想、有志气的青年要像他那样坚定的走自己的路,虽九折臂而不悔,勇往直前,不懈努力,一定会事业有成。

　　　　　　　　　　　　　　西北第二民族学院院长　谢玉杰

　　　　　　　　　　　　　　2004 年 6 月 6 日

目　录

第三章 踏遍青山

第一章

发现贺兰山岩画

作者在大麦地岩画点（2003年）

岩画的启示

当你站在岩画前屏息静气观察，不由得引发对古代先民创作岩画由画（符号）及情深刻内涵的思索与联想。

岩画中精美的形象、纹饰、图案、组合，似在诉说着一个又一个古老的传说和故事，以及人们的思想、情感、诉求、祈愿、表达，为早已消失的部落、人群提供了独特的物证，引发了群体的回忆。虽然岩画缄默无言，虽然保守着自己的秘密，虽然时代遥远令人茫然，但总能激发起人们心中的波澜，启迪人们的智慧，去追寻人类探索自然、探索生命的历程和体验。

岩画的内涵无比丰富，期待着人们去研究去探索。

作者在贺兰口考察岩画（2003年）

发现岩画

缘分是可遇而不可求的。做梦也不会想到我竟与岩画有了不解之缘。

1968 年"文革"中，我参加了贺兰县潘昶公社关渠 4 队的"两教"（即社会主义教育和集体主义教育）试点。这里离黄河很近，是一个很穷又偏僻的小村庄。到了 1969 年春天，"两教"结束时，在写总结报告中，我针对过去整农村干部的那套"冷、闷、斗、踢"方法，提出了关心爱护、说服教育的方法。没料到县委很重视，不仅把我的报告印发"三干会"，而且让我同潘昶公社副社长王生兰到通义、立岗、四十里店、洪广、常信、金山几个公社去检查"两教"的进行情况。

当我们来到金山公社后，公社干部说贺兰口生产队"两教"搞得好，并建议我们到那儿去看看。于是我同王生兰社长骑着自行车直奔贺兰山。这一带的地形王社长很熟，他说他小时候在这一带放过羊。

我们沿着弯弯曲曲的小道上了山。骑自行车上山真费劲，走走停停，直喘大气，干脆把外衣脱了迎着山风蹬。骑到半山腰有一个羊圈，放羊的都出去了，王社长说："不骑了，把车子擱到这儿吧，下山时再来骑。"我感到诧异，不打声招呼就把车子放下如果丢了怎么办？那时

岩画是镌刻或绘制在石头上的画。国外称之为 rockart，我国共有 17 个省市（包括港、澳、台地区）分布有岩画，其中被列为全国重点文物保护单位的，除了宁夏贺兰山岩画外，还有广西花山岩画、江苏连云港岩画及云南沧源岩画。

贺兰山贺兰口岩画区·西夏文题记与人面像岩画

贺兰口·人面像岩画

贺兰山与北山是宁夏回族自治区与内蒙古自治区的界山，北起石嘴山市，与内蒙古的海勃湾相连，尾抵中卫县北山，全长约 250 公里，是银川平原的天然屏障，最高峰沙锅洲海拔 3556 米。贺兰山大大小小 27 个山口均发现有岩画。

贺兰口·人面像岩画

一辆自行车顶半个家当，可不是闹着玩的。他看出了我的心思，蛮有把握地说："放心吧，丢不了。"我只好不情愿地锁好自行车跟着他走向贺兰口。

当晚我们住在小学校里，点着小油灯，生产队长、贫协主席、会计向我们汇报了"两教"和春耕情况，这里留给我的印象是山上闭塞，民风淳厚，是一方世外桃源。

第二天上午生产队干部过来又聊了聊，我整理了一下笔记也就无事可做了，难得清闲。王社长有许多亲戚要拜访，由他去了。我那时二十多岁，正是精力充沛风华正茂的年华，生性好动，来到这山清水秀之地巴不得快些去游览一番。吃过午饭，我向树多的山口走去。大山的诱惑力吸引着我来到了贺兰山口。山口两侧高山对峙，峰峦苍翠，山泉淙淙，一排柳树婀娜多姿，景色如画，秀色可餐，是一个神奇的地方。

当我来到南侧一块突出的巨石前，突然发现上面刻画了许多动物，除了牛、马、羊、鹿、骆驼、虎之外，还有一些长颈粗尾叫不上名字的怪兽，有的奔跑，有的站立，动静不一，姿势各异。

这块巨石当地人叫它龙口，下边浪花飞溅，上边各种动物密集。这幅美妙而又激动人心的画面深深地铭刻在我的脑海里。这时，我把自己记忆里的各种动物形象搜罗出来进行对比、分析，我甚至把过去看过的《化石》刊物上的恐龙形象也拿来和岩石上的怪兽进行对比。我深感这些石头上的画太奇妙了，过去学过的知识远远不够用了。

　　山石上刻的画有的清楚，有的刻槽深，有的模糊，有的甚至漫漶一片，有的石皮也剥落了。我站在旁边可以轻轻地摸，比划着看，上上下下看了个够，然后又向前走，边走边看。只见山崖上、大石头上都有画，简直走进了石刻艺术的画廊。

贺兰口·人面像岩画

　　除了动物岩画外，最多的还是各种各样的人面像，变化多端奇形怪状，充满了神秘感，此外还带有一点恐怖感。山风呼呼叫，泉水哗哗流，使人仿佛进入了另外一番天地。一个个古怪的大脑袋似乎瞪着眼睛瞧着你，有的又没有眼睛，好像张着血盆大口要喊出什么，真是不可思议。这里的人面像不仅面部变化多样，而且发式也很特殊，有的打着髻，有的光着头，还有的似插着羽毛和牛羊角，总之比戏台上的那些脸谱有意思得多。

　　贺兰山岩画是我国北方地区岩画艺术中的杰作，千万年来犹如一颗艺术的明珠被镶嵌在山石之上，直到20世纪60年代末才被发现。是我国西北边疆的一处十分重要的人文景观和艺术画廊。

　　沿着南侧山沟看到"S"形山弯顶头，没有岩画了，我又从北侧沿着山石寻找岩画，北侧比南侧岩画多得多，绝大部分仍然是人面像或面具，成片成片的人面像高悬于山崖上，十分壮观。而且看到了人的实心手掌，左右手都有，我把手贴在上面比了比，同我的手一样大，令我惊喜不已。

　　不知不觉落日衔山临近黄昏了。

　　虽然走马观花粗粗地看了一遍，但让我流连忘返，回味无穷。这是我第一次见到岩画，而那时我还不知道眼前形象各异、生动

贺兰口·人面像岩画

贺兰山岩画一般分布在山的东麓山口两侧的悬崖峭壁之上和山坡洪积扇的山石上，主要岩画点有麦汝井、树林沟、黑石峁、归德沟、贺兰口、苏峪口、红旗口、广武口、四眼井、芦沟湖、黄羊湾等，加上卫宁北山大麦地的岩画有上万幅。

贺兰口岩画为我们了解和研究我国北方游牧民族的历史、经济、文化、民俗、宗教、艺术，提供了大量无比珍贵的形象资料。这里岩画风格独特，造型粗犷浑厚，在写实中用笔简练，构图朴实多变，给人一种真实、亲切、肃穆、神秘的感觉，展示出不同凡响、超尘拔俗的意境。

贺兰口·人面像岩画(具有脸谱性)

多姿的符号就是人类最早的造型艺术——岩画。

谁也说不清的石头画

晚饭时，我问村干部下午看到的那些石头画是谁搞的?是什么时候的?他们谁也说不清，只是含糊地说可能是过去人搞的吧，再就无法解释了。

为了搞清这些石头画的来历，我请小队会计领我到山脚下一位姓伏的老人家，老人是山里最年长者。

伏老80岁，浓眉大眼，虽然头发雪白，但脸色红润，身体硬朗，说话底气足。老人家儿孙都单另过，老两口有3间房，外间是大间，有一盘大炕，铺毡堆被，炕对面是一排盛粮食和衣物的大木柜，里间屋放着杂七杂八的东西。老人家是位猎人，地上堆了有1米多高的青羊皮，足有几十张。老伴夸他是神枪手，打青羊一枪一个，不放空枪，脾气倔着呢，打不上青羊十天八天不回家。

坐在大炕上我们无拘无束地攀谈起来。

"沟里石崖上那些画您老记不记得是什么时候有的? "我问老人家。

"山墙(指山崖)上那些画早就有了，我小的时候就有了，我也问过我爷爷，他说他小的时候就有。"

"那时间一定很久了。"我说。

"我估摸有些年头了，我们都是路过看一眼，到底有多少年我就说不上了。"

"有没有什么传说？"我启发他。"传说是有呢，听老人们讲，山墙上的那些人头，是过去杀一个人就刻一个人头，杀的人真不少呀。"老人惋惜地说。

"还有什么传说没有？"我又问。

"别的传说没有了，听老人们说南山墙下有一幅画是画李昊王的，画得可真了，还有大旗呢。就在南山墙根，一个大石头旁。"老人笑着说。

"是哪个大石头？"

"从龙口向西50步，那个有很多人头的山墙西下角水渠边边上。"

"你知道不知道你的老祖先是当地人，还是从哪里来的？"我只得刨根问底了。"传说是从山西洪洞县大槐树迁来的。"老人说。

"这么说你们不是原住户了，这里有没有原来的老住户。"

"没有。"老人肯定地说。

再也问不出什么了。我终于明白，由于历史的变迁和战乱，原有的住户早已不知去向，后来迁移来的当然说不清原委，从此断了音信、传说，也断了文化的延续。人们一辈辈流传下来的只能是只言片语。

回到学校，王社长已经睡觉了。我躺在炕上怎么也睡不着，脑子里翻来覆去全是下午看

贺兰口岩画最突出的特点是形形色色、奇形怪状、神秘诡谲的各种面具和人面像约占全部岩画的80%，可谓举世无双。尤其是面部的种种形象变化及演变，其深层的内涵意义与图腾崇拜、神话传说、原始宗教信仰及民俗有着千丝万缕的联系。

贺兰口·人面像与重圈岩画

贺兰口近千个人面像、面具岩画，是古代的巫傩文化的核心部分，也是自然力的形象化反映。

贺兰口·人面像岩画

岩画的断代是岩画研究中最棘手、最困难的。因此，历来为岩画研究者绞尽脑汁而又望而却步，特别是露天制作的岩画，一般采用传统的考古比较学、分类学方法，现代科学在这一研究领域也并没有新的突破。可以说到现在为止，对每一幅岩画作出科学的鉴定，还是处在模棱两可，难以定论的尴尬境地。

到的那些画，令人兴奋又使人焦虑，要看出个道道来还得下番工夫。明天就要下山了，得和王社长商量商量，无论如何明天再给我半天时间，只需半天时间，让我再去看一看，得看个究竟，还得验证一下伏老所说那幅李昊王的画。

"王社长，你醒醒。"我使劲摇了摇沉睡中的王社长。

"啥事？"王社长迷迷糊糊地问。

"明天咱们下午回吧，上午我还想再去看看那些山墙上的画。不会误事，下坡路跑得快。"我把理由都抖搂出来了。

"你们这些大学生呀就是名堂多。好吧，下午回就下午回。"他满足了我的要求。

深深刻在脑海里

第二天一大早，我洗了一把脸，冒着寒气，迎着朝阳进了山。有了思想准备，也有了经验，我仍沿着老路来到龙口。

龙口上下的巨石上到处镌刻着岩画。高处的山石上有动物岩画，有各种人物形象，尤其是那些人面像，由于阳光斜射，看得特别清楚。那些山崖上的画一个一个就像精灵一样，有着无穷的生命力，有悲欢离合，也有七情六欲。这里铮铮铁骨的山石，铸造了它们豪迈的性格，清澈的泉水给了它们活泼的灵性。有些研磨的画就像薄纸一样浅；有些刻槽深的画又光又滑则似大山是块泥巴用手抠出来的,使人体味到时光的悠远,也感到岁月的沧桑。

尽管这些历史"老人们"不会说话,但它们满脸的皱纹和疤痕却告诉我,它们经历了太多的创伤。

贺兰口岩画南区·马匹、人面与群舞

在龙口中部的石缝右上侧和石缝中下部似禽掌又似蘑菇的右下角各有一组跳舞的人:石缝右上侧的是7人组舞,上方似有一人在领舞,其他6人手拉手在跳舞,身着长袍,舞姿婀娜,动作优美,步伐一致,既像是娱乐,又似在求偶,更像在祈求丰收。在这组舞蹈的下方约1米处,仍有一组跳舞的画面,4人组舞,身着长袍,舞姿与7人组舞相似。两组舞蹈动作一致,着装一样,只是人数不同。另外,上部7人组舞头顶有弧形波浪纹饰,琢磨象征人们在苍穹之下或帐房之内进行庆丰收,或敬天地祭鬼神的活动,总之与劳动和娱乐有关。

在组舞的上部马鞍形山石的南北两侧,我发现南侧有羊的形象,还有骆驼、马匹、人面的形象,在北侧的石面上又欣喜地发现两人射猎的形象,人物似着长袍,手执弓箭,而且弓箭很大。人物的头部装饰似有角形或羽形头饰,估计是一种狩猎时的伪装。在人的下部有一个长长的像尾巴一样的东西,估计也是狩猎时的伪装。

贺兰口·人面像岩画

贺兰山与北山岩画年代的断定,至今仍是一个悬而未决的课题,我们还是沿用考古学中的对比方法,把岩画中的形象与出土的有关文物进行对比、验证,达到相对年代的考证。

在马鞍形山石西北侧我又看到了太阳的形象,但不知为何太阳下有一条长线,是不是表示云彩?同时还看到了鸟的形象,是一只直

贺兰口·人面像与动物岩画

贺兰口·人面像岩画

断代还有从岩画中寻找已经绝灭的动物形象,同历史年代地质年代相同的动物形象进行对比来推断相对年代。采用文献记载、题记对岩画的断代也有一定的帮助。此外,可以利用岩漆的变化、岩画的风格、题材、岩画的叠压关系等多种有效实用的方法。

立的鸟,有鸟冠,长尾,很美丽。这里的人面像更特殊,坐南面北的石面上有一个人面眼睛似一只睁一只闭,百思不得其解。在龙口处的下方,有双鹿造像以及大量的人面,中间是大量的各种动物群麇。

总之,龙口这儿的岩画是一处岩画的荟萃之地,有许多惊人之笔和精彩之作,异彩纷呈,鬼斧神工,艺术之光照亮了山崖,也照亮了我的心。

在龙口西大约50米的地方,有一方明代万历三十七年修筑贺兰关隘时的文告,十分清楚。在文告西侧15米一个巨石下角,我找到了那方西夏时李昊王出行的画,坐南向北,画面长约1米,高约60厘米,画着两个人物,一个骑着马,头上戴着一顶官帽,显示出一副威严神气的样子,而另一人在拉马护驾。人物身后还画了两面三角形旗,表现了人物显赫的地位和气宇轩昂的风度。整个画的制作细腻,人物五官齐全,形象逼真,人物、战马比例适中,虎虎有生气。这幅画绝对是雕刻精品,可能是描绘了当年西夏王李元昊去离宫时的情景。

这幅写实作品不同于其他岩画。史载李元昊"性雄毅,多大略,善绘画,能创制物始。圆面高准,身长五尺余。少时好衣长袖绯衣,冠墨冠,佩弓矢,从卫步卒张青盖。出乘马,以二旗引,百余骑自从。晓浮图学,通蕃汉文字"(《宋史》卷四八五)。岩画与历史记载相比较何其相似乃尔,说明此图可证史,是十分珍贵的形象资料。

如果细看，那些形形色色人面中的多种图案却表示着某种含义，我的认识终于触及到神秘所在了。在众多的人面像前，我像一个朝觐者虔诚地拜谒在这众神之下，反复观察、对比、沉思，感到与宗教的某种崇拜有关，但到底是什么?我回答不上来。在众神的考问下，我还只是一名小学生。

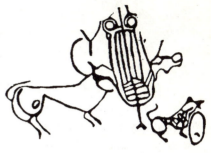

贺兰口·兽面与动物岩画

站在高大伟岸的山崖下，面对着连绵几百米长的数百个人面像、图画、文字，随着山风的呼啸，我仿佛听到了历史的回声，感受到了心灵的震撼，受到了某种启迪。

下山时，我一步一回头。难忘的贺兰口之行结束了，但贺兰口岩画却深深地留在了脑际。

地衣测年法是奥地利学者20世纪50年代提出来的，最初运用于冰川沉积物的测年，后来运用于地震、地质、气候、考古、岩画等专业研究。

我终于又来看你了

从山上回来不久，我被分配到金贵中学，当了三年高中语文、政治教师和班主任，并且自学了中医。1974年初我从金贵中学调到了县科技卫生局，有空我就到县科委图书馆借书，一借一大摞，医疗卫生、历史地理、文物考古，见什么借什么，唯独没有岩画方面的文章和著作。

1978年我在《科学知识》杂志上终于看到一篇盖山林介绍阴山岩画的文章，如获至宝，

贺兰口·人面像岩画

用丽石黄衣测得贺兰山与北山岩画早期年代距今 8500 年左右；中早期 7000~6000 年；中中期为 6000~5000 年；中后期为 4000~3000 年；晚早期 3000~2000 年；晚中期为 2000~1000 年；晚期为 1000 年左右，即先后经历了新石器时代、青铜器时代和铁器时代。

此外，判断岩画存在的年代，还可根据岩画的保存情况、刻痕与石垢的颜色、岩画的制作方法、岩画的风格、岩画的题材、岩画的叠压关系、运用考古比较学的方法、利用岩石画面上的题记、对岩画中的动物属和种的鉴定等来判定。这些方法比较常用。

贺兰口·人面、动物、重圈岩画

我反复研读和咀嚼，心头点燃了一盏明灯，贺兰口岩石上的那些画不就是岩画吗？无论内容、题材、手法与阴山岩画几乎一模一样。

光阴荏苒，岁月蹉跎，10 年后的 1979 年深秋，有了理论的武装，我忍耐不住探求岩画的渴望，坐着我弟弟拉石头的汽车第二次来到了魂牵梦萦的贺兰口。

久违了，贺兰口岩画，我终于又来看你了。

山石依旧，柳树凋零，我踏着枯干的叶子，沿着 10 年前的足迹边看边拍照。

由于"农业学大寨"引水修渠，炸坏了龙口处的珍贵岩画，那幅西夏王李元昊岩画也被炸掉了，损失严重。

站在龙口的破碎岩画旁，我感到时不待人，得快些行动了。

这次来拍了两卷 120 胶卷，又匆匆下山去了。这点资料成了我后来研究岩画的基础材料和资本。

岁月的风尘吹去和封杀了许多美好的记忆，但贺兰口岩画却拂之不去，苦苦折磨着我。

本能的好奇心和求知的渴望，促使我一往无前地探索岩画的奥秘。

1982 年我从县医院要求调到县爱卫会工作，脱下穿了不到两年的白大褂。这次抉择是痛苦的，仿佛又走到了人生的十字路口，但为了搞岩画我不得不走这条路。相对讲，到了爱卫会，时间充裕，可以上山搞岩画了。

为了上山搞岩画，也为了开展农村卫生工

作,我同爱卫会新分配来工作的大学生张富贵商量买一辆带拖斗的摩托车。汽车买不起,买辆摩托花钱不多,省油,方便,有拖斗,可坐人也可以拉东西,一举数得。给卫生局打了一个报告,很快就批准了。

1983年6月初,我在天津医学院的进修结束了,一回来就和小张开着长江750摩托车拉上宁夏医学院的老朋友杨文彪一道上山去看岩画。

贺兰口·太阳神岩画

杨文彪是我在金贵中学任教时结识的好朋友,天津南开大学生物系毕业,为人豪爽、热情。早在金贵中学时我就多次向他讲过发现贺兰口岩画一事,这次特意让他去开开眼。看过岩画他赞不绝口。我们在北侧的西夏文题记处推敲和揣摩了半天西夏字,怎么也不认识,连猜都猜不出来,只好照猫画虎地描下来请西夏专家释读了。

贺兰口·人面像岩画

那一天看得尽兴,在贺兰口住了一夜,晚上又听说拜寺口也有岩画。

第二天一大早我们又赶到了拜寺口,拜寺口虽距贺兰口约10公里,山石却都是由花岗岩组成,进山仅有一条羊肠小道,行路十分不便。经过调查,在沟内5公里处的一块巨石上发现刻有大明进士侯廷凤石刻题记一方,

作者在贺兰口太阳神岩画旁(2000年5月)

我国的岩画学者们，在岩画的研究中探讨断代的方法大致是，依据文献的记载，如北魏郦道元在《水经注·河水》条中对宁夏北部至内蒙古阴山西段狼山地区的岩画记载，可以确定这部分岩画早于北魏，至少距今1500年以上。

贺兰口·驳马岩画

通过多种手段，运用丽石黄衣测定，通过类型学比较，通过岩画的内容题材分析，岩画变化与石面及颜色变化等综合分析，又用丽石黄衣校正，使各地岩画的年代有了一个较有说服力的说明。

宽2.5米，高1.3米，记述了拜寺口壮丽景色以及修路的情景。此行虽然收获有限，却也了却了一桩悬案和心事，摸清了拜寺口的家底。

第一次亲密接触

经过深入的考察，我们进一步认识了岩画的巨大价值，更加坚定了我整理岩画的决心和信心。

时逢县上搞农村"改水"工作，我就把改水的点首先设在了贺兰口。我们动员群众挖沟压塑料水管，挨家挨户安装水管和水龙头。这里改水太方便了，在龙口处修了一个蓄水池，水管支在池子里，利用水的自然冲击力，水就像自来水一样会自动流向各家各户，而且饮用的是卫生健康的矿泉水。

当然这些工作由技术工人去做，我每天问问进展，帮助解决问题，大部分时间则是钻在山沟里观察岩画，然后经过测量——进行记录、编号、拍照。

岩画调查和整理工作看起来容易，真的干起来却困难重重，首先调查和记录岩画没有现成的经验可以借鉴，只有边干、边摸索、边从实践中学。有时为了看清楚一幅图的构成与含意，我甚至苦苦坐在岩画旁几个钟头，反复地观

察、推敲、思考，真得熬得住寂寞和枯燥。由于没有经验，几乎每幅图都要进行考证，要把它的年代断定出来，但这种考证又往往是主观的不可靠的，其中的随意性很大，为此浪费了不少精力和时间。有好几次仅仅为了考证一幅图，在山上没辨认准，回到家整理有点含糊不清，只得再上山仔细辨认。

平心而论，这种笨办法为后来的研究打下了坚实的基础。直到如今许多重要岩画仍然历历在目，我仍可以准确地记得岩画的图形、方位、内容。可见工夫没有白费。

拍摄岩画照片也不是件容易的事，光线不好拍出的效果差，遇上阴天一连几天也拍不成，即使有好的天气，阳光的角度不一样拍出的效果也不一样，光线角度往往是拍好与拍坏的关键。有的岩画棱角分明、线条清楚好拍，而许多岩画本身模糊，就像一个久历沧桑的老人失去了光泽，拍出的效果自然就差。反反复复糟蹋了不少胶卷。花的这些冤枉钱只有自己出，从不多的几个工资中抠。

贺兰口·人面像岩画

岩画是一部游牧民族用艺术形象描绘的史诗。贺兰山与北山岩画内容和题材都十分丰富，可以说是一部古代上有天文，下至人文地理，包罗万象，形形色色的百科全书。其中尤以神话传说、图腾崇拜、生殖崇拜的岩画最为引人注目。

一大"罪状"

贺兰口生产队按地理位置分上队和下队，两队相距约 1 公里。我开始整理岩画资料时住在下队的老代家，上山下山耽误不少时间。

7 月上旬上山时路过王井子金山公社卫

贺兰口·氏族战斗岩画

早在唐代《元和郡县图志》卷四记载:"山有树木青白,望如驳马,北人呼驳为贺兰。"由此可知我国古代北方民族视贺兰山为神兽驳马,反映了他们对贺兰山的崇拜和敬仰之情。

贺兰口·人面像岩画

生院,屠占荣大夫的儿子屠明刚参加完高考,闲在家没事干想上山散散心,我又缺帮手,欣然邀他上山帮忙。临走时他的好友小代也想坐我们的手扶拖拉机上山看他爷爷,于是都坐在塑料水管上,有说有笑也不觉颠簸的难受了。

有了屠明帮助,开始拓岩画时他端着墨汁碗,我往石面上擦墨,然后把宣纸摁到石面上,拓出来的拓片皆是"负片",效果很不理想,拓几张仅有一张较好。这种方法把岩石也涂黑了,一片一片黑块。这种擦墨法实际上是上小学和初中练毛笔字时从碑帖上半懂不懂学来的,也没人指教,当然就不知道拓片的要领。虽然辛辛苦苦一场,得到的却是一堆废纸。这种擦墨法1年后几乎成了我的一大"罪状"。多亏文化厅叶勃副厅长主持公道,我才平安无事。

有一天中午,我吃过午饭,就是不见屠明的面,心急如焚,我到村外的泉水边洗着脚看着山路,还是不见屠明的影子,我担心出了什么事,怕他跌了,又怕被蛇咬了,越想越怕,穿上鞋就奔上山来,刚到村口,忽见有几个人,上前一看是屠明和他的朋友小代,两个人低着头不说话。

我上去就喊:"站在这里干什么?啥时候了还不下去吃饭?"

"我不让下去的。"张队长站起来说。

这时我才发现张队长蹲在这儿。"为什么?"

"他们偷了队上的苹果和枣子,队上有规

定，偷了要罚款，再说都承包给老代了，老代不愿意我也没办法。"

张队长也觉得脸面上过不去推诿地说。我一看，不由哈哈大笑起来。所谓偷的苹果和枣子仅仅一小书包，都没有成熟，送给我我都不要。"屠明是我领来的，我认罚，给你5块钱足够了吧！小代几十里跑来看他爷爷，偷了他爷爷的果子，让他爷爷去罚，我管不了。"

这一串连珠炮说得张队长不吭气了。交了钱，我拉了屠明就走，又撂了一句："看他爷爷怎么罚他的孙子。"说过我又后悔了，山里人也穷怕了，能捞一个算一个。

送走了屠明，只得我一个人又擦墨又上纸，连个做伴的也没有了。面对空旷的大山，面对近千个人面像却没有一个会说话的，这些谜什么时候才能解开呢？我当时也很茫然。

贺兰山与卫宁北山一带最早有记载的先民是羌族的先民。在《山海经·海内北经》中记载："戎其为人，人首三角。"在贺兰山岩画中确实有这种"其为人，人首三角"的人头装饰形象，这种人头顶部三角装饰大致可分为3类，即头部有3个直杆形，3个三角形，3个半圆形。

最大的困难

那时搞岩画最大的困难是交通不便，从县城到山上少说有70公里，来来去去全靠张富贵的那辆摩托车，那时小张拿的是学习执照，只能一个人在公路上行驶，不能带人行驶。我要上山都要起早睡晚地偷着跑，生怕被交警和监理所抓住，谨小慎微，提心吊胆。就是这样我们仍然被拦住落入"法网"。

第一次被抓是半夜里。在山上一直等到天

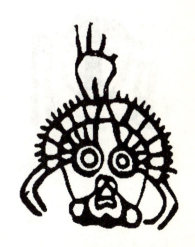

贺兰口·太阳神岩画

这样的"人首三角"形象同甘肃出土的新石器时代马家窑文化半山型人面形纹饰上的"人首三角"的形状、式样如出一辙，说明同处于新石器时代的贺兰山岩画同马家窑文化不仅有着千丝万缕的联系，而且可能是一脉相承的。

贺兰口·人首三角人面像岩画

贺兰口·人面像岩画

黑，算计着下山后交警也该撤岗了，一路摸黑下了山，没料到过了新市区就被交警截住了。他们一看学习驾驶执照，双人乘车，不由分说扣车走人，过一个星期再来交罚款领车。

这黑天半夜前不着村后不着店，人困马乏，有什么办法？直等到下半夜交警撤岗了，我们坐着他们的警车回到银川，三更半夜敲开老妈的家门，喝了些水，吃了些东西，然后骑了家里的自行车，他捎我一程，我捎他一程，从银川骑了十多公里路赶到贺兰。回到自己家天也大亮了。

张富贵是宁夏医学院毕业的大学生，在卫生防疫和改水工作中有开创精神。而陪我搞岩画一无名二无利，吃了不少苦，没沾上半点光，他爱人有意见，埋怨他不顾家，三更半夜跑路也不安全，我不忍心但又无奈，我自己又何尝不是如此呢？图个啥？还不是全凭着一腔对岩画的挚爱。

公路不敢走了，就走乡间小道吧。又一次下山，也是等到天黑，顺着小路下山后沿着土路从金山公社到暖泉，从暖泉由北路回贺兰，一路还顺利，三星高照，微风吹拂，早把查路的事丢到九霄云外了。谁知快到马家寨时，忽然远远看见公路上红灯一闪一闪，还当稀奇地看着，当反应过来时已经开到了红灯前，如梦初醒，又是双人乘车，当时就罚款，扣车，走人。幸好离贺兰县城不很远，我俩背上包包袋袋，说说笑笑也就走到了家。

经过这两次折腾，县卫生局知道了我在山上搞岩画。王德胜局长找我谈话。问过我最近的工作情况，他说："有人反映你上山搞岩画，不务正业，说你把摩托车的车轮都磨光了。""岩画是搞了，但'改水'工作也进行得很好，群众很满意。我在山上搞岩画是我个人的爱好，可以说于公于私两不误，他们有什么理由反对我。"我辩解说。"你说的也有道理，只要有意义，我认为你搞岩画也是可以的，今后注意一下就行了。"王德胜局长是位通情达理的领导，他是从朝鲜战场上下来的卫生兵，有人情味，会做思想工作。这么一说等于默许我搞岩画了。

一场白忙活

在读了马宝山发表在 1983 年第五期《书法》上的《简谈拓碑》之后，我学会了拓制岩画的方法。有了书本知识，我就试着做了一大堆各式各样大小不一的拓包，只等一显身手了。

为了节约时间，我从下队搬到了上队，离岩画点更近了。

贺兰口林管所的护林员是老姚和小孟，老姚的家在贺兰习岗五星大队，我上山后就睡在老姚的床上，然后老姚再坐上张富贵的摩托回家，两全其美，皆大欢喜。小孟那时顶多 20 岁，家住高家闸，他是父亲提前退休顶替的，小伙

《山海经·大荒北经》云"黄帝生苗龙，苗龙生融吾，融吾生弄明，弄明生白犬，白犬生牝牡，是为犬戎"。同样在《山海经·大荒北经》记载，"有犬戎国，有人，人面兽身"的神话图式形象。这些记载告诉我们在人类童年时期，神话原本是一种文化形式，它是人类早期的思维形式，是人类精神活动的产物，表现了人与周围环境的和谐关系。也是人类认识世界、认识自己的简单类比方式。

贺兰口·人面像岩画

岩画中的神话图式之所以珍贵，因为它具有原始性、形象性和真实性。据《山海经》中的部分有关戎人的记载可知，在贺兰山与北山一带最早的原始居民和主人是戎人，他们远古就生活在这块土地上，创造了远古的文化和神话，也创造了彪炳千秋的岩画艺术。后来的匈奴、鲜卑、月氏、突厥、党项、蒙古等民族，是踏着羌人的足迹，延续和继承了岩画艺术的传统。

如今,世界上有150多个国家发现有岩画,我国也有100多个县(旗)发现岩画百万幅,仅宁夏岩画就在数万幅,可以说,我国是世界岩画的发祥地之一。由此可见,岩画也是世界上最普及的文化,是世界性的艺术语言。

贺兰口·手印岩画

手代表对牲畜的占有,因牲畜纠纷发生矛盾恳请神灵裁决。

子话不多,人很勤快,他不进山巡逻时抽空还去给我帮帮忙,或者主动把饭做好了等着我,等我收工回来一起吃。

同小孟在一起很愉快,他有一台破黑白电视机,这时已经通电了。电视图像太差,雪花也大,好在音色好,看得眼睛难受了钻在被窝里听电视也是别有情趣的。

在小孟的帮助下终于拓出了一批质量高的拓片。这次没等小张开摩托车来接我,我就高高兴兴地拿着拓片,从贺兰口走了5公里路来到了苏峪口。苏峪口林管所的同志替我挡了一辆拉石头的拖拉机让我坐了上去。坐在车厢里的石头上,看着远去的山和遍地的葱绿,自有一番乐趣在心头,手里拿着一捆来之不易的拓片,都是"正片",心想有这些资料垫底一定会一炮打响,马到成功。

坐着拉石头的车到了新城,我又改乘公共汽车,到了银川西门站下车后,看见满天乌云滚滚,雷声隆隆,刚跑到老银川九中附近,瓢泼大雨从天而降而且夹着冰雹,情急之下就跑进了路边的男厕所里,这场大雨和冰雹足足下了半个钟头,大街小巷一片汪洋。我趟着冰水回到老妈家时,低洼的院子里积水有半尺多深,家里的门槛用砖块泥土垒起1尺高的拦水坝。

到屋里换过衣服再看拓片,变成了黑糊糊的一片墨纸,拓片几乎全完了。几个钟头前坐在拉石头车上的那股兴高采烈转瞬间由晴转阴了。

探访西夏离宫

公元 11 世纪，西夏党项族所建立的封建王朝，地域相当辽阔，却是"以贺兰山为固"。就是说，贺兰山是西夏的屏障，同时也是贵族们游乐、狩猎和进行政治活动的场所。在这里他们演出了一幕幕悲壮的史剧，也留下了丰富的遗迹。然而党项民族又是一个神秘的民族，他消失在历史的云山雾海中，很久以来被史学界和考古工作者所注目，苦苦地探索着他的足迹，总想揭开他的历史面纱，让人们看到他那光彩夺目的形象和丰姿。

归德沟·人面像岩画

在《嘉靖宁夏新志》中这样记述："贺兰山在城西六十里。峰峦苍翠，崖壁险削，延亘五百余里，边防倚以为固，上有颓寺百余所，并元昊故宫遗址，自来为居人畋猎樵牧之场。"《嘉靖宁夏新志》古迹一节中有"贺兰山拜寺口南山之颠，伪夏元昊建此避暑，遗址尚存，人于朽木中尝有拾铁钉长一二尺者"。

1983 年我在研究贺兰口岩画时，听当地群众说在沟口里有一座"皇城"，同年 10 月 23 日，我们一行三人，请了一名当地的向导，带着干粮出发了。这次我们深入贺兰山腹地二十余里，沿途领略了贺兰山绮丽风光，也饱尝了调查的艰辛。转过山弯，出现在眼前的是一座高大雄伟的建筑遗址，它依山临崖，坐落在南面

作者在驴尾沟岩画点（2006 年）

大西峰沟·射猎图岩画

贺兰口·老虎岩画

的山坡上。这是一处见所未见、闻所未闻的突兀于群山之中的金黄色的皇城巨台。这里海拔已达 2030 余米，山径崎岖，绿树葱郁，巍峨壮观，气势非凡。

离宫一层层用石块垒成的墙基，虽然经过了近千年的雨雪风霜的侵袭和历代人为毁损，但基本保存完好，层层石台显示出当年宏伟气魄。据《西夏事书·十八卷》记载，李元昊称帝后在贺兰山"大役丁夫数万，于山之东营离宫数十里，台阁高十余丈，日与诸妃游宴其中"。贺兰口皇城台四面环山，翠峰如簇，古树参天，整个离宫掩映于蓝天绿林之中，环境幽静。这里还依稀可辨殿堂楼阁的遗迹，四周衬托着小桥流水、突兀的假山、葱茏的松柏，平添幽雅清秀的园林气息。整个建筑布局紧凑巧妙，独运匠心，集人工斧凿与天然景色于一体，表现了高超的建筑艺术。估计此处是李元昊设立的一处秘密离宫，在这里可以尽情玩乐而不为外人所知。

如今在皇城台的离宫废址上，仍有许多砖瓦鸱吻的残片，许多长砖上印有手掌和蹄印。在遗址西侧发现一处烧制建筑材料的窑址，说明此处遗址是就地取材建造起来的，大大免除了运输之苦，并缩短了工期。

此外，在遗址的西北角发现有两座被盗过的墓葬，由砖砌而成，墓旁有盆罐残片。我在废址上采得青绿色冰裂纹瓷片数块，经有关专家鉴定认为属于宋瓷。同时，还在离宫附近拾得白釉高足碗残片,碗足高 3 厘米,与灵武崇兴公社的高足碗十分相似。其来源有两种可能:一是西夏人在同宋朝贸易中交换得来的,另一种可能是西夏陶瓷作坊的高超工艺之作。

记得 1969 年我在欣赏贺兰口岩画时,曾在山口南侧的石壁上看到过一幅西夏人的岩画作品,留给我的印象十分深刻。这幅岩画可能是描绘了当年李元昊去离宫时的情景。可惜这幅岩画在后来修整渠道时被毁了。

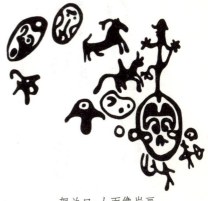

贺兰口·人面像岩画

西夏民族在历史的舞台上虽然短暂,但是他们在贺兰山上却留下了珍贵的历史足迹。尽管西夏文化遭到了元代统治者的破坏,后来又被外国人盗走了许多珍贵文物,但是这些遗址和刻在岩石上的西夏岩画、文字是谁也搬不走抢不去的。虽然它仅仅向我们拉开了历史帷幕的一角,但是却向世界展示了党项民族丰富的生产生活画面。

这座西夏离宫遗址,因为建在深山老林之中,人迹罕至,加之历史上又没有详细记载,所以被冷落于历史的一隅,近千年来不被世人所知。

斗转星转,世事兴衰,西夏王朝消失了,但千秋功过总会有人评说。这座规模宏大的遗址却向我们提供许许多多的线索和证据。如果有一天将这座花园般的离宫修葺一新,当你有幸站在离宫之上指点江山,或激扬文字,或缅怀往事,或回顾历史,那将是一桩何等优哉壮哉的乐事啊。

贺兰口·舞蹈岩画

黄羊湾·人物岩画

贺兰口·西夏文与人面像岩画

岩画是一种独特的石头造型艺术，是利用线条和形体，并利用岩石的色彩、在二度空间的范围内，用不同的构图取得时间动态的艺术效果，创造出直观的并可触觉的形象群体。

收到了《文物》编辑部的来信

贺兰口岩画的珍贵，不仅在于岩画丰富题材多样，还有几处罕见的西夏文题记，这些题记是打开古老岩画奥秘和开启西夏岩画的钥匙。这些西夏字，似曾相识，但根本不认识。这种"论末则殊，考本则同"的字，如天书一般。我想起了罗雪樵老师。

罗老师是我在银川一中读高中时最敬重的语文老师，学有专攻，对西夏文字有独到的研究和成就。我去拜访他时他正有病躺在床上，剧烈的咳嗽使他喘不上气来，病魔把他折磨得形销骨立，痛苦不已。

我说明来意，他打起精神问我："有拓片和照片吗？""有照片。"我说。"快拿出来让我看看。"我拿出两幅题记的照片。他挣扎着爬起来，拿上放大镜认真仔细连比带划地辨认起来。

"好啊！是西夏文题记。"他兴奋地翻身下床，让我扶他走到书桌前，桌上有一个1米高似中药铺盛中药的多抽屉的小柜。他从小抽屉中拿出一个又一个西夏字卡片，认真地查对起来。"这方西夏题记中前3个字是'正法能'，其他两个字还查不出来，含义也就解不出来了。""另外一方西夏题记，开头是'文字'两字，末尾两个字也像'文字'两字，但中间的查不出来，意思连贯不起来。"他喘着气说。"您别着急，先休息，病好了再查。""你先把照片放下，我抽空再细细辨认怎么样？""行行，照片就留给您了。"我扶他上了床。

经过几个月的努力，吃了数不尽的苦头，我终于完成了《宁夏贺兰山贺兰口岩画调查报告》。1983年9月下旬，我将稿件寄给文化部文物局主办的《文物》编辑部。等到1983年10月7日，我收到了《文物》编辑部的来信：

大麦地·羊群岩画

李祥石同志：

来稿收到。尊稿编号为83718号。今后有关该稿件联系，请注明登记号。

来信如此简单。它凝结了我多少心血、汗水！这是宁夏第一篇贺兰山岩画调查报告，它标志着宁夏贺兰山岩画调查研究的滥觞，也标志着宁夏岩画研究进入一个崭新的阶段。

《文物》编辑部在给我发出通知后，随即将稿件转交宁夏博物馆馆长钟侃，请他审定修改，帮助我进一步完善调查报告。钟侃馆长接到稿件后向宁夏文化厅和文物处通报了我的发现及调查报告。直到此时，宁夏文物考古界方才知道贺兰山有岩画。这无疑是晴天一声炸雷。

是我打开了一座文化宝库，也打开了潘多拉魔盒。

10月14日文化厅文物处马鸣信处长和

我国北方岩画基本上凿刻于山崖的石壁上或石头上，图像多用减地阴刻形式，也有不少用阴刻线条描绘轮廓。题材以野生动物和牧养牲畜为多，并表现了草原地区的古代游牧部落的生活场景。岩画风格雄浑粗犷，给人刚劲雄健的感觉；虽然有些是互不相关的单个形象，但有的较大画面布局合理，颇有生活气息。

于存海到贺兰县，代表文化厅同贺兰县宣传部和县委温进忠副书记协商落实保护贺兰口岩画的4项措施：暂不允许其他人拍照、拓制、临摹、参观。并由宣传部副部长赵忠和我陪同他们到金山公社和贺兰口生产队传达了文化厅和县委的指示，然后考察了贺兰口岩画，他们边看边赞不绝口，他们是生平第一次看到岩画，喜不自禁，流连忘返。

送走了马鸣信和小于之后不久，宣传部尹占科部长主动找我。"祥石，岩画研究进行得如何？""不瞒你说，没有经费，困难重重。""你调到我这里来怎么样？我支持你搞岩画。"尹部长真诚地说。我看着他微笑的脸和明亮的眼睛，被他的真诚打动了。"那太好了，我愿意。"我一口答应了。如此简单、容易，没有客套，没有任何条件，一言为定，我就调到了贺兰县委宣传部。

尹部长拨给我200元买胶卷和冲洗胶卷费，使我手头一下子有了一大摞岩画照片。

我被说服了

贺兰县毕竟是一个小县，虽然岩画丰富但仍然有限。为了走向更加广阔的天地，我来到自治区科协主办的《科学普及》主编俞杰先生的家登门求教，突然发现李本昭老师也在，这时才知道他们是一家人。李本昭老师上海复旦大学毕业，是我读宁大中文系时系里的负责人

贺兰山·树林沟动物岩画

宁夏岩画属于我国北方岩画系统，其制作方法是利用石器、骨器、金属等工具在石头上采用凿刻、敲击、研磨、划刻等方法制作而成。但也发现在洞窟中用赭石粉绘制的彩色岩画，这对研究我国北方和南方岩画的发生发展、古代民族和民族迁徙、文化交流和传播、宗教信仰研究都有着重大意义。

兼写作课教师,她工作极其负责、热情,因学识渊博,循循善诱而受到我们的敬重。

多年不见格外热情,自然有许多话要说,我把自己的想法告诉了他们,同时把我过去收入"文集"中的两篇文章交给了俞先生。这就是当时的见面礼。

在交谈中,俞先生问我:"你最近在做什么?"

"1969年我发现贺兰山贺兰口岩画后,前一段时间整理这批资料,已经给北京《文物》刊物寄去了岩画调查报告,编辑部也来信了,估计问题不大。"我如实相告。

"岩画是什么,它有什么意义?"俞先生又问。

"岩画就是凿刻在石头上的画,内容丰富,题材多样,主要叙述和描绘了狩猎和游牧人的生活和社会意识形态,主要有人物、动物、人面、太阳、手、狩猎、畜牧、舞蹈、繁殖、战斗等,是一种特殊的文化现象和造型艺术,总之反映了人们早期的物质生活和精神活动……"

"这是相当重要和珍贵的文物呀!"俞先生听后颇有感悟地说。"你的发现给自治区领导汇报过没有?"李老师在一旁问我。

"没有,一个也不认识,只要《文物》发表我的调查报告也就心满意足了。"这是我的初衷和心里话。

"你书生气太重,仅仅发表论文不行,你得去找自治区主管文物的黑伯理主席,把你发现的经过和重要性讲给他听,这么重要的事领导

贺兰口·放牧岩画

岩画语言是介于人类动作语言及发声语言之外的一种绘画兼文字性的语言。岩画语言,恰恰如当今看图识字一类的艺术语言,但这仅仅是比喻,因为岩画语言更丰富、更深刻、更宽泛,因而也就增加了译读的难度。

贺兰口·人面像岩画

贺兰口·人面与动物岩画

贺兰口·人面与动物岩画

贺兰口·人面与动物岩画

在艺术方面，宁夏岩画以它高超的艺术魅力和雄浑豪放的风格而自立于我国古代岩画之林。大体讲岩画造型粗犷有力、刚健洗练、豪放苍劲、疏朗有致。

不知道怎么能行？"俞先生听了我的话后不满意了。"你只管去找他，那老头儿脾气可好了，你不要有顾虑，他会支持你的，要不然你的发现会保不住的。这方面的教训太深刻了，刻骨铭心。你不要再犹豫了，立即就去！"李老师显然有些激动。

看着他们着急的样子，我心里还不以为然，并没有下决心去找黑伯理主席。

出于职业和学术的敏感性，李本昭老师终于坐不住了，她一反常态，十分严肃地从沙发上站起来说："你怎么不听劝告，得尽快向黑主席汇报，时间拖久了会发生变故的；林子大了什么鸟都有。在这个问题上不能马虎。"为了缓和气氛，也为了说服我，李本昭老师用沉重的口气说："我给你讲一个真实的故事吧。"

她把我带到了20世纪20年代。

1927年4月16日，由美国洛克菲勒基金会出2.4万美元资助在周口店龙骨山发掘化石工作正式启动，专门从瑞典请来了古生物学家步林博士负责鉴定和管理化石；中国方面则是由年轻的地质学家李捷担任地形、地质专员兼事务主任，成为中国在周口店龙骨山古人类遗址发掘的第一人。当时李捷是从中国地质调查所派往周口店进行发掘化石工作的。经过数月多的发掘，李捷与步林发现了一颗人类下臼齿化石，此齿微磨，似为7~9岁儿童牙齿。这颗发掘出的人类牙齿化石由英籍加拿大人步达生研究。步达生时任协和医学院解剖科主任，经过他的研究认为这颗牙齿是介于人与猿之间的一种原始人类化石牙齿，与以前德国人施洛塞尔和奥地利人师丹斯基发现的牙齿化石不一样，这颗牙齿更接近人类的牙齿。于是，这颗新发现的牙齿化石起名"中国猿人北京种"，又被叫做"北京人"(PekingMan)。从此，中国人类化石有了第一个新的名称。

说到这里，李本昭老师面露喜色，为此她有一种自豪感，眼睛好似特别明亮。她喝了口杯中的茶，又讲述了下去。

到了1928年4月周口店的发掘工作仍在继续进行时，李捷却辞职去从事他的地质研究工作了，之后他仅发表过《周口店遗址发掘工作的报告》。最终，他没能坚持发掘化石工作。这年4月由1927年7月北京大学地质系毕业的裴文中接任李捷继续进行发掘工作。到了1929年12月2日下午4点钟，这是一个历史值得纪念的时刻，在周口店龙骨山洞穴的主洞偏北在距洞顶40米的下洞附近发现了一颗完整的猿人头盖骨。这是改写历史的重大发现，冲破了人们固有的传统认识，开启了一个新的时代。风雪中，龙骨山给中国人也给我们这个世界送来了50万年前人类祖先的头盖骨。从此，"北京猿人"名扬四海。这一伟大的发现不仅震动了全人类，也为人类进化史上"从猿到人"学说的确立，为人类进化提供了无可辩驳的证据，"北京猿人"从此成了中国人的始祖和中国人的骄傲。此时距李捷离开周口店化石发

红旗沟·羊形符号岩画

在贺兰山中有这样一组岩画，左侧是一个羊形或是羊字的符号性表象，右侧下方则羊形植入人面之中。这是羊图腾崇拜符号，反映了人与羊结合的图腾崇拜。这种图腾符号的产生是融合了人与羊的生理性之后经过演变而形成的。

苏峪口·射猎岩画

岩画中的弓与箭，除去战斗和狩猎的实用弓与箭外，在生殖崇拜中担当的是传递"以太"(力)的作用；还有大量的弓与箭的结合则有着更为复杂的象征意义，它已经不是本来的原意了，或者说是已经转换了原有的本意。弓与箭的结合则代表了男女性爱与结合，成为性崇拜的代表与象征。这时的弓与箭已经赋予了象征意义。

贺兰口·人面像岩画

贺兰山中段山高林密，水草丰茂，海拔在 1500~3000 米，时至今日自然生态状况较好。岩石的主要构成为细粒长石石英砂岩，一般为青绿色，硬度约 6 度，适宜制作和保存岩画。

裴文中先生

掘工作仅仅一年多的时间，李捷这位著名的地质学家仅离成功差一步之遥，而命运之神最终没有垂青他而使他抱恨终生。

"你知道了李捷，你也了解了李捷，他就是我的父亲。"李老师含着泪水说。

我的心灵受到了极大的震撼。周口店古人类遗址是我们大家耳熟能详的人文之地，也是我们每一个中国人骄傲与伤心之地，最早发现的猿人头骨至今下落不明。因为周口店，我们都知道了贾兰坡、裴文中，却对李捷这个名字十分陌生，也不知道背后还有这样的故事，更没有料到李捷就是李老师的父亲。

李老师擦干了眼泪，语重心长地对我说："我不愿意看到你再走我父亲走过的路。"我哑然了，陷入了沉思中。不能走浅尝辄止和半途而废的道路，也不要埋怨命运的磨难，命运已经给了我们许多人生宝贵的财富，尽管每个人的出身、阅历、人生轨迹各不相同，但都是命运的主人，谁把握住了机遇，谁勤奋刻苦，谁敢于向命运挑战，谁就可以达到成功的目的。人生在世，谁也难免七灾八难，又有谁能避过天灾人祸？只有不低头，向前走，只有持之以恒锲而不舍才能实现自己人生的价值。李本昭老师非常清楚，我那个时候远在一个小县城里，要保护发现岩画权益的能力几乎等于零。她不愿意看到自己学生的成果付诸东流，更不愿看到我的失败；同时她也预料到了岩画巨大的潜在价值，嗅到了不久的将来会有一场暴风雪的到来。总之，科学的敏锐和直觉判断，历史的经验教训和为人师表的责任促使她必须说服我，我被说服了。

1983 年 12 月 23 日，文化厅同意博物馆考古队上山看岩画。为了保护岩画，尽管文化厅和贺兰县县委通知暂时不许参观，但对于博物馆考古队来说属于工作范围，让他们参观也是合情合理的。不看则已，一看惊人。难免有动心的，其中有人回来后就编造了一个蹩脚的发现童话，想搅浑水摸鱼。这算是一个小插曲和笑话吧。

去找黑伯理主席

在 1983 年 11 月 13 日下午，我坐着弟弟祥岗开的吉普车去找黑伯理主席，当时黑主席在贺兰山宾馆开会，我们又找到宾馆，遇到他的司机说刚回去，我们又找到党委家属院。我的那篇较早写的《我区贺兰县贺兰口发现古代石刻》一文交给了门卫解放军战士，我说："请你把这份材料交给黑主席。"他看了看标题，又看了看岩画照片，说了声可以就进去了。

过了不一会儿，那位小战士回来了，对我说："黑主席请你进去，你跟我走。"于是我来到了黑伯理主席的家。

听口音黑主席是山东人，身材魁梧，为人和蔼可亲，没有一点官架子，握过手，请我坐

贺兰口·人面像岩画

在贺兰口与苏峪口岩画中，人面像与类人面像约占总数的一半以上，各色各样的人面像罗列于山崖之上，不仅引人入胜而且十分壮观，如此众多的人面像在世界岩画中也是十分罕见的。

贺兰口·人面像岩画

贺兰口这种独特的岩画人面结构，作为史前社会的意识文化载体和符号标志，反映了社会体系的结构和人们认识的结构，突出了对生命的热爱和渴望，具体地表现了对人生，对氏族、对温饱饥渴的关心，并通过交感巫术把人与图腾联系起来，回答了一个最古老最困惑的问题：人是什么，人从何处来，又到何处去？

科学普及

宁夏回族自治区科学技术协会

第345期　1984年1月9日　农历癸亥年十二月初七

李祥石在贺兰山东麓发现古代岩画和西夏文字

本报讯 贺兰县爱委会工作人员李祥石同志曾于一九六九年春在贺兰山东麓的贺兰口的悬崖峭壁、山巅沟畔等多处发现古代岩画，去年九月以来他同杨文彪同志多次进行了实地考察研究，一一作了记录、拍照、编号。

这些岩画近二百幅，集中在约0.24平方公里的地带。岩画如此之多和密集，在国内也不多见。

岩画的题材广泛、内容丰富，有多种多样的人物画像，许多人头画像有角状和羽毛装饰，风姿秀逸美丽动人，有的表现了人们狩猎归来的欢乐情景，有表现祈祷和神灵鬼怪的，有对太阳和手的崇拜的，有生动形象的动植物，还有行猎的动人场面。并发现有西夏文字。

李祥石同志的发现，引起了国家文物出版社的重视。国内岩画专家盖山林同志亲自写信鼓励和指导。

下，递给我茶杯，问过我在哪里工作之后，手里拿着我的那篇文章，戴上老花镜，拉了拉椅子，凑到我身旁让我给他讲贺兰口岩画。我简单讲了发现经过，然后给他讲岩画的内容和题材，他听得很专注，兴致极高。他拿着岩画照片先看，我再讲，然后他再看，这样印象深刻也更容易理解。他一张一张地看，我一张一张地讲，不时还提出问题让我解答。

我那时是自费整理岩画，相机是单位用了多年的120海鸥牌相机，性能也差，加之为了省钱，冲洗的照片大小不一，有的清晰，有的模糊，黑主席看得很吃力。"照片太小，让您看得费劲"，我说。"可以可以，能看清画面"，黑主席给我宽心地说。"这张不清楚，您能看清吗？"我又说。"不要紧，以后还可补拍，再放大一些。"

那个时候社会上正在宣传"五讲四美"，我结合岩画中的"羊人为美"和"羊大为美"给他讲解"美"字的来历，他听得特别认真，不时点点头。

宁夏第一篇贺兰山岩画的报道（1984年1月9日）　　贺兰山小西峰沟·游牧风情图岩画

不知不觉时间过去很久了。从里屋跑出来个小姑娘拉黑主席的衣服喊："爷爷，爷爷，新闻联播时间到了。"黑主席仿佛想起什么事情，他站起身来。"很抱歉，今天先讲到这儿吧。""我就不打扰您了。"我说。站起来要走。"你等等，是不是可以把你的文章给我留下，我还想再看看。"黑主席谦逊地说。"黑主席，那篇文章和照片都送给您了。""谢谢了。"握着黑主席有力的大手，我感到很受鼓舞，他不仅给了我支持，也给了我信心和力量。

1983 年 12 月，我向李本昭老师和俞杰先生讲了见到黑伯理主席的经过，两位老师高兴地说："这就好了，这就好了。"俞先生当即要我写一篇简短介绍发现贺兰口岩画的文章，并说："现在就写，然后我在《科学普及报》上给你发表。"写好后，我交给了俞先生。

柳渠口·舞蹈岩画

一石激起千层浪

早在这之前的 6 月份，我曾拿着手稿去宁夏日报社找一位熟悉的记者，问他可不可以发一篇报道发现贺兰山贺兰口岩画的文章？他说："从来就没有听说过岩画这种事，有谁会相信呢？又有谁敢发这种高雅的文章呢？"是的，谁会相信小县城的一个人会发现什么从不知道的岩画，可能是他头脑发昏了吧，要不然怎么会有这种天方夜谭式的浪漫。谁又会相信石

麦汝井·狩猎岩画

麦汝井和树林沟岩画分布在贺兰山东麓的洪积扇上，在长达 15 公里的山坡地带零星分布，一般是岩画制作于块状山石上，岩画图像较小也比较单纯，多为单个森林草原动物和狩猎图形，基本为研磨制作，是贺兰山早期岩画的发祥地之一。

贺兰口·手印岩画

贺兰山南端的卫宁北山,山体小而平缓,山势呈东西向排列,层次分明,岩画制作有序,堪称为岩画艺术的长廊。这里岩画密度和数量均为宁夏岩画之冠。岩石为长石石英砂岩,色泽粉红,硬度6度,岩画均制作于山石南侧向阳石崖或岩石上。贺兰山与南部卫宁北山的地理环境基本上保持了原始的自然状态,绝少人为破坏,为我们研究岩画创造了极为有利的条件。

头会唱歌,石头会说话,石头会开出绚丽的花会结出艺术的果?在人们尚不了解和认识岩画的时候,也就无须埋怨人们的孤陋寡闻和无知了。

1984年1月9日宁夏《科学普及报》头版显要位置发表《李祥石在贺兰山东麓发现古代岩画和西夏文字》。为了醒目,这个标题是俞杰先生在发表时特意加上的。全文如下:

"贺兰县爱卫会工作人员李祥石同志曾于1969年春,在贺兰山东麓的贺兰口的悬崖峭壁、山巅沟畔等多处发现古代岩画,去年6月以来,他同杨文彪同志多次进行了实地考察研究,一一作了记录、拍照、编号。这些岩画近200幅,集中在约0.24平方公里的地带。岩画如此之多和密集,在国内也不多见。

岩画的题材广泛,内容丰富,有多种多样的人物画像,许多人头画像有角状和羽毛装饰,风姿秀逸,美丽动人,有的表现了人们的狩猎归来的欢乐情景,有表现祈祷和神灵鬼怪的,有对太阳和手的崇拜的,有生动形象的动植物,还有行猎的动人场面。并发现有西夏文字。

李祥石同志的发现,引起了国家文物出版社的重视。国内岩画专家盖山林同志亲自写信鼓励和指导。"

这是宁夏首次披露和报道贺兰山岩画。当我拿到报纸的时候,我再一次深深体会到李本昭老师和俞杰先生对我的厚爱和赤诚之心。这张报纸成了我无坚不摧的长矛，它证明了我的重大发现。

　　在《科学普及报》发了报道不久，1984年1月宁夏文化厅也及时公布了贺兰山岩画发现始末："贺兰山，是银川平原的西北屏障。自古以来，我国北方的游牧民族，如匈奴、鲜卑、敕勒、突厥、党项、蒙古等民族相继在这里生产和生活，创造了丰富的古代文化，为我国灿烂的古代文明增添了光辉。最近在贺兰山贺兰口和大岱沟发现的两处古代岩画，便是生活在贺兰山的古代游牧民族丰富艺术创造力的真实记录。贺兰县贺兰口的古代岩画，是去年夏天由贺兰县防疫站（爱卫会）李祥石等同志发现的。他们经过艰辛的调查，写出了岩画初步报告。去年10月和12月，区文化厅文物处和区博物馆又先后两次派人前往调查。这处岩画，集中

贺兰口·人面与马岩画

除了贺兰山与卫宁北山之外，宁夏境内还有银川东山岩画（即鄂尔多斯台地）。青铜峡牛首山岩画、中卫香山岩画、同心青龙山岩画和西吉县火石寨乡武家庄岩画。

作者（左三）陪同宁夏电视台拍摄贺兰口岩画专题片（1984年2月）

作者在贺兰口岩画点（1983 年 6 月）

文化工作情况反映

第二期

宁夏回族自治区文化厅编　　一九八四年元月廿三日

贺兰山发现我两处古岩画

贺兰山，是银川平原的西北屏障。自古以来，我国北方的游牧民族，如匈奴、鲜卑、敕勒、突厥、党项、吐蕃等民族相继在这里生产和生活，创造了丰富的古代文化，为我国源远流长的古代文明增添了光彩。最近在贺兰山贺兰口和大岔沟发现的两处古代岩画，便是生活在贺兰山的古代游牧民族丰富艺术创造力的真实记录。

贺兰山贺兰口的古代岩画，是去年夏天由负责古迹调查的哈来祥石旺等同志发现的。他们经过艰苦的调查，写出了岩画的初步报告。去年十月和十二月，区文化厅文物处和区博物馆又先后两次派人前往调查。这处岩画，集中在沟口附近约一平方公里的范围内，据初步统计约有一百余幅。作画的方法有凿刻、线刻等磨刻三种。题材以类人像为主，约占总数的一半以上。此外还有鹿、马、驴、狗、羊、虎、豹等动物的图像，尤其值得注意的是，还有太阳、人手、祈祷、狩猎的图画和

—1—

文化厅关于贺兰山发现两处古岩画情况
反映（1984 年 1 月 23 日）

在沟口附近约 1 平方公里的范围内，据初步统计约有一百余幅。作画的方法有凿刻、线刻和磨刻三种。题材以类人像为主，约占总数的一半以上。此外还有鹿、马、驴、狗、羊、虎、豹等动物的图像，尤其值得注意的是，还有太阳、人手、祈祷、狩猎的图画和西夏文、汉文的题刻，生动地记录了古代贺兰山的自然生态环境及古代游牧民族的生活、生产活动，如实地反映了他们的社会习俗和宗教信仰，是一幅幅历史的画轴，弥足珍贵。这些古代岩画，艺术手法朴实粗犷，富有时代感和真实感，是古代游牧民族创造的艺术珍品。另一处贺兰山古代岩画，是在青铜峡县广武乡大岔沟内发现的。这处岩画在 1983 年 9 月由兰州军区 84572 部队刘高明、鲁仲林等同志发现。1983 年 11 月，区博物馆考古人员在刘高明同志带领下，不仅对以前发现的岩画进行了复查，而且在大约 25 万平方米的范围内还新发现了岩画百余处，岩画画石大的约 1 平方米，小的数十平方厘米。内容除表现古代游牧民族居民的放牧，狩猎等现实生活外，还有人像、家畜、飞禽、走兽等等，特别是其中表现古代居民狩猎和外出活动的岩画，形象生动，充满生活气息，更为可贵。

古代游牧民族的岩画，不仅我国内蒙古自治区阴山，宁夏贺兰山等处有许多发现，而且在蒙古人民共和国、苏联的贝加尔湖地区、叶尼塞河流域，甚至远到欧洲的芬兰等国也有发现。对岩画的考古和研究不仅是我国近年来文

物考古研究中的一项重要课题,而且也是世界各国学术界所重视的一项研究项目。宁夏对岩画的发现和研究,虽然刚刚起步,但大有可为,我们对前途充满信心,决心继续调查,研究,为建设社会主义精神文明作出应有的贡献"。

这是一份具有权威性、严肃性、科学性的文件,简明扼要如实地通报了贺兰山岩画发现的情况,肯定了我对贺兰山岩画的发现、调查和研究。

1984年2月8日宁夏电视台邀请我去拍摄岩画专题片《贺兰口岩画》时,正是冰天雪地,贺兰口银装素裹分外妖娆。我听拍摄专题组的同志讲:"你给黑主席的那篇文章,黑主席作了批示,听说很好。"但怎么批示的,是什么内容当时我并不知道。直到1985年6月我正式调到自治区文物管理委员会办公室担任《宁夏文物》编辑时,文化厅文物处把我送给黑伯理主席的那篇文章完璧归赵还给了我,我才真正看到了黑主席的俊秀毛笔字批示:"这应(是)一项重要发现,请文化厅与李、杨二同志研究进一步鉴定的办法。伯理,十一月十四日。"从此,为我进行岩画调查和研究铲除了荆棘和障碍,开辟了一条走向成功的通衢大道。

同年2月底宁夏电视台播放了《贺兰口岩画》,6月16日中央电视台在《祖国各地》节目中播放了《贺兰口岩画》,从此宁夏岩画走向全国,走向世界。

砂石梁·太阳岩画

牛首山岩画分东湾和西湾岩画点,数量不少,但磨刻马匹岩画距今约在1万年左右,在史前岩画中十分珍贵。中卫香山岩画以红泉乡石岘子村大井河一带较多且集中,制作也精美,其中一群野猪岩画形神兼备,尤为难得。西吉县武家庄岩画雕刻于自然形成的石坎内,阴刻制作,有僧人图像30多个,其中有一骑马僧人,当地人戏称唐僧取经,这是一处后期佛教内容的岩画点。

与岩画专家
盖山林结下友谊

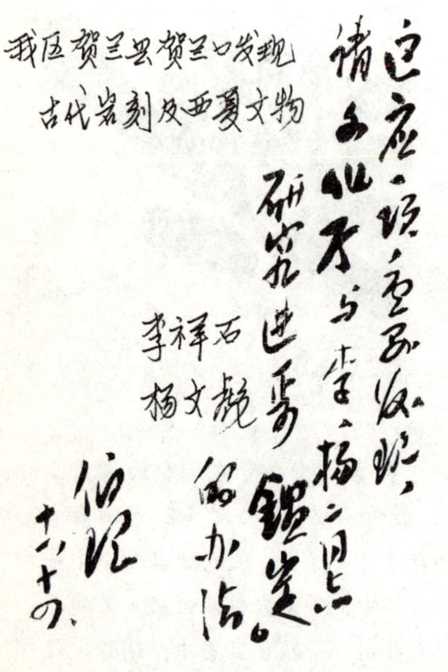

在我进行岩画研究时结识了一位良师益友，他就是我国著名岩画专家盖山林教授，他也是内蒙古阴山岩画的发现者。为调查和研究阴山岩画，人们这样说他："为了寻找岩画，沿着阴山，他已经步行了二万五千里长征的路程。"可以毫不夸张地说如果我搞岩画没有盖山林的帮助和指导，只能是在黑暗中摸索，是他把我领到了一片阳光灿烂的艺术园地。盖山林是一位传奇人物，更是一位心地宽广无私无畏的人物。

1983年10月14日那天，马鸣信处长和于存海到贺兰县委协商保护贺兰口岩画后，我陪同他们到贺兰口考察岩画，在清静而美妙的大山里只有我们几个人。他们对贺兰口岩画的丰富和神韵赞不绝口，于存海，北大考古系毕业，很年轻已是文物行家了。不知怎么提到了阴山岩画的发现者盖山林。我立即问他："盖山林在内蒙古哪里工作？""好像是在内蒙古博物馆工作。"

"怎么才能同他联系？"我又忙问。"你可以直接写信到呼和浩特市内蒙古博物馆盖山林收。"

从山上回来不久，我如法炮制给盖山林先生写了一封信。他能否收到，他能否回信只有

自治区主席黑伯理批示(1983年11月14日)

038

听天由命了。

1983 年 11 月 18 日，我收到了盖山林先生的第一封来信。从此，岩画成了连接我们友谊的桥梁。

作者(左)与盖山林在贺兰口留影(1988 年 5 月)

李祥石先生：

大札敬悉。你在贺兰口的发现至关重要，你把这项工作做了，是对祖国文物事业的重要贡献。我做岩画工作是从 1976 年开始的，做了一些工作，至今为止，已发表文章或论文四十余篇，但四方要资料的同志甚多，有些连我手中也没有底子了。今将《内蒙古大学学报》一份寄上，请审读纠谬。我在贺兰山北部余脉乌海市一带曾调查一处岩画，将在西安《考古与文物》刊出，全是人面纹，不知贺兰口这批岩画是否是人面形还是人像。关于人面形的性质，我在《学习与探索》和《中央民院学报》已进行探讨，谅已看到。今冬您能否想法来呼和浩特一次，我们可以好好交流情况，如果您能把贺兰山岩画情况详细告诉我将是我最大的荣幸。据牧民说，贺兰山还有一处重要岩画，原来记在我的本子里，一时没有找到，容找到转告。所赠小文供您纠谬不必下掷了，您若能来呼市，事前请来信。

冬安即颂

友盖山林

1983.11.18

黄羊湾·人与动物岩画

黄羊湾位于卫宁北山大口子北侧，海拔 1300 米，岩画分布在烽火台即直隶墩至明代长城一线的山石之上。

黄羊湾岩画中的面具和人面构图略同于贺兰山和卫宁北山的其他地区，给人一种更加神秘和狰狞的感觉。

黄羊湾·舞人岩画

黄羊湾·伪装成动物的人岩画

黄羊湾岩画中弓箭的图形不少，也很有特色，弓箭的发明可以追溯到旧石器晚期，它的发明使人类多了一种生存手段和武器。在金文中的"射"字就是箭搭在弓上，是弓与箭的组合，在黄羊湾岩画中就有这个图形。

他在信的"事前请来信"下面加了几个着重号。我明白他太忙，担心我白跑路。他就是这样一位事事为别人着想而又心细的人。

从此我们结下了深厚的友谊，他鼓励我以筚路蓝缕以启山林的精神去开拓贺兰山岩画研究的新天地。

自从我们相识以后，我才真正接触到岩画资料，拜读了他在 1980 年第 6 期《文物》上发表的《内蒙古阴山山脉狼山地区岩画》，这是他的得力之作，简洁全面地论述了阴山山脉狼山地区的岩画。这是一篇有一定影响的论文，对我有启蒙和指导作用。他慷慨寄来了《内蒙古社会科学》1980 年第 2 期所载《举世罕见的珍贵古代民族文物》；1981 年《化石》上发表的《阴山岩画》；还有《内蒙古文物考古》以及他在中国考古学会第四次会议上的论文《阴山青铜器时代到早期铁器时代岩画和古代游牧人的牧业文明》，这也是他早期的重要著作之一，翔

作者在内蒙古考察阴山岩画（1997 年 8 月）

实地论述了内蒙古阴山岩画的内容,题材以及时代划分问题,证明他对岩画的认识又深入了一层,在中国考古界产生了深远的影响,其中岩画的断代时至今日仍有着指导意义。此文不仅论述了岩画,而且在考古学界确立了自己独特的学术地位。贺兰口岩画的发现与研究,尤其是 1985 年《宁夏社会科学》第二期发表了我的《贺兰山新发现岩画述评》,1987 年《文物》第二期发表我的《宁夏贺兰山岩画》等论文。从此揭开了贺兰山岩画调查和研究的新篇章。可以说,贺兰口岩画是我搞岩画的根和起点。贺兰口岩画已经驰名世界岩画艺术界,在世界岩画之林中占有重要的一席之地。1996 年11 月贺兰口岩画被国务院公布为第四批全国重点文物保护单位。2003 年年底提出申报世界文化遗产。由此足见贺兰口岩画是何等珍贵和重要了。

挡不住的诱惑

　　1984 年宁夏文物普查工作紧锣密鼓地展开了。贺兰县抽调 7 人组成文物普查队,但多半人不愿意干那份苦差事,落实下来的仅有 3 人,其中宣传部有我和马兴国及文化科刘伯淳,其他 4 个没来的人各有各的事各有各的理。我的积极性特高,不用动员就自动上门,因为我太热爱这项工作了,手脚难耐,还想趁此

　　在黄羊湾岩画中生殖崇拜的岩画偶尔可见,而且有履巨人足的野合岩画,这种"发乎情性"的情欲文化有它的社会功利目的,不能单纯认为是自然主义的流露。

黄羊湾·站在马背上的人岩画

大西峰沟·动物岩画

黑石峁岩画的内容和题材丰富多彩，动物以山林和草原动物为主，有北山羊、马、狼、大角羊、鹿。黑石峁岩画全部都是研磨制作，先绘制出一个大的轮廓之后，再在轮廓内进行研磨，因而这里的岩画时代要早。

大西峰·沟花牛岩画

归德沟距大武口南约7公里，明代《嘉靖宁夏新志》称归德口，这里山口开阔，长城蜿蜒于山头之上。山梁西侧有泉水流过，水中有无鳞鱼。山脚下有一片狭长的开阔地，地面有许多石块砌筑的墓葬。归德沟岩画分布在沟内10公里东侧山梁上。

归德沟山石呈层状，每一层的岩石节理面均光洁平整，从最上层开始，共有7层有岩画。由于制作岩画大都较小，上乘之作并不多。

良机去发现更多的岩画。我又仿佛听到了贺兰山在呼唤我，令我兴奋不已，那绿色的山，那蓝天白云还有躲藏在山石和草丛中的岩画，太诱人了。

正是夏季最热的时候，我们准备好了工具、器材以及面包、挂面等，打听到县上有上金山公社的汽车，我们就搭着到了王井子，然后转乘手扶拖拉机第一站来到金山公社插旗口生产队。

70年代我夏收时来过这里，随着屠占荣大夫（屠明的父亲）在这里玩过几天，到过鹿盘寺、缸沿等地，留下了美好的记忆。

屠占荣的家搬到山下王井子去了，我们就住在当地的富裕户代喜家里。老代住家宽绰，一排房子有8间，灶房还有一盘大炕，他腾出两间大房让我们住，还有电视看，大伙挺满意。

插旗口明代称塔峡口，后演化为今名。当地人却说穆桂英挂帅征辽在此安营扎寨，在山村的西北一座山头上凿有插旗的石洞，所以叫插旗口。早在1983年7月我就同二弟祥岗、杨文彪来此考察过插旗口岩画，当时贺兰口的老乡说插旗口也有岩画，所以我们跑来了。大致位置我还记得，没费多少劲就找到了。

插旗口岩画分布在沟口和沟内两处约20组，数量不多但内容丰富，有人面、山羊、马匹、兽面、狩猎图以及羊角形符号。这种角状形符号实为一种图腾语言和标志，表现了原始先民对羊图腾的象征性记录。这种浓缩的简化了的独具特色的象征性符号，是以羊角为形象特征，既具有羊的生物属性，也可以视为一种艺术风格。因此，这种以角为表象的文化又可称之为角文化。这种羊角状图腾符号反映了远古以羌戎为主的古代先民的人生信仰和世界观，具有重要的思想、文化、艺术价值。

插旗口岩画数量不多，但意义重大，可惜这一次仅拍了部分资料片，线图资料仍然没有取到。

插旗口·兽面像岩画

作者在青海天峻县考察岩画（1995 年 5 月）

贺兰口岩画外星人形象

图1

图2

图3

图4

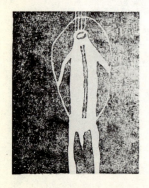

图5

这个宇宙人形象岩画(图1)在贺兰口北侧第6号地点,离地1.9米,面向西南方向,高20厘米,宽16厘米,磨刻法制作。这是一幅惟妙惟俏形态逼真的身着宇航服的天外来客。这位客人的装饰与我们今天地球上身著宇航服的宇航员相比,几乎是如出一辙。他(她)头戴一顶大且圆的密封式头盔,头盔中间有一个观察孔,头盔连着紧身的连衣裤,双臂自然下垂,双腿直立。依稀可以看到右手提着件东西(或仪器?),给人一种飘然而至之感。

无独有偶,不仅我国贺兰山岩画中有宇宙人形象,而且世界上许多地方的岩画中也发现有类似宇宙人的形象。这是一个世界性事件,也是一个世界性的课题。在我国岩画中首次发现如此逼真、清晰、显明的宇宙人形象,不啻是一件振奋人心的事情,同时也为我国岩画增添新内容。说明了自远古以来我们的先民们就与地球之外的高度文明世界有过某种联系,同时也有力证地实了我们中华民族历来就有着探索真理追求真理的崇高品格。

名闻遐迩的撒哈拉,阿拉伯文意为沙漠,数千年来这里就黄沙千里,少雨干旱。但这里发现了大量的尼格罗人先民们绘制出的精美岩画,其中留下了宇宙人的形象。在广袤的沙漠中发现的一幅名扬世界的大火星神像,身着宇航服,戴着圆球形头盔,头盔四周有观察孔,活灵活现地展示了天外生物的风采和神韵(图2),同样在撒哈拉沙漠中的塔西里山区的岩画中有一幅生动的天外来客的形象,与今天航天飞行中的人类探险者几乎一模一样(图3)。另外,在意大利卡蒙尼加发现的宇宙人身着宇航服,手拿探测仪器,给人一种在天空飘浮和游动的感觉(图4)。更为有趣的是莱冷兄弟在澳大利亚发现的宇宙人形象,这位天外来客身穿宇航服,有头盔,头盔正面有观察孔,并且头顶有4根天线,衣服上有明显的拉链,身体下部有尾饰,他的整个身体外有一个大而椭圆形的防护罩(图5)。

纵观世界,细察贺兰山岩画,他们之间多么相似啊!这难道都是偶然巧合吗?否。要知道他们之间相距千山万水。这些展现在我们面前的世界各地的岩画,是超越了时空的历史见证,是人类文化宝库中的瑰宝,也是人类认识宇宙、向往宇宙、征服宇宙的新篇章。

第二章

骑驴走贺兰

作者在考察归德沟岩画（2006年冬）

作者考察阴山岩画（2007年）

作者在阴山考察岩画（2007年）

岩画的三种境界

解读岩画就是读书读史，是读一部古代人文、历史、文化的鸿篇巨著，是读一部神、人、巫三位一体的演义，更是读一部讴歌生命、赞美人生的颂歌。

研究岩画就是治学做学问，正如我国近代国学大师王国维在《人间词话》中说的三重境界："古今之成大事业、大学问者，必经过三重之境界：'昨夜西风凋碧树，独上高楼，望尽天涯'，此第一境也。'衣带渐宽终不悔，为伊消得人憔悴'，此第二境也。'众里寻他千百度，蓦然回首，那人却在灯火阑珊处'，此第三境也。"

境界，是指人对艺术的观赏程度，有高、低、快、慢、优、劣之分，是智慧、悟性的体验。王国维把原本话相思的佳句比做求知治学的经历，即苦思—奋斗—顿悟三重境界、三个阶段，不仅比喻精当委婉，也是对自己求知做学问的总结。读岩画也是如此，开始希冀期待，经过苦苦思索，突发奇思妙想。这也是由感性认识上升到理性认识的过程，是认识事物的过程。

但愿我们在阅读岩画时能从中获得历史、文化、艺术的智慧和力量。当历史的迷雾渐渐散去之时，于是波澜壮阔的历史画卷便自然而然地展现在我们面前。这是何等地豁然开朗、畅快淋漓、无限风光，这也许正是解读岩画时的第三种境界吧。

这一天收获最大

　　为了考察大西峰沟的"皇城"(西夏遗址)，缸沿瓷窑等地,我们雇了房东老代的两头毛驴和当地农民张建中的一头骡子,由张建中当向导,一队人马浩浩荡荡好生气派,有了驴骑大伙高兴得又说又唱。

　　我们沿着插旗口沟行至约8公里处,拐进另一条山沟,然后登上了一个巨大的山峁,四周山峰耸立,林木葱茏,一泓泉水飞流而下,这儿就是叫缸沿的地方，还是贺兰山育种林场。在育种场东南角，面积约1800平方米,除了1958年大炼钢铁时留下的几座土高炉外,有4个较大的古代瓷窑残坑,一般直径8~9米,深1~2米,西北角最大的残坑直径13米,深2米,文化层厚2~3米,坑内和四周堆满了残碗、缸、罐、盆的碎片。器物的釉色有白色、黑色、褐色、酱色、青色,烧制一般,但胎骨坚实,粗中有细,在文化堆积层中发现有高足碗,以及挖足过肩的碗、盘等器皿残片,西夏瓷器历来由于稀有珍贵而被视为神秘的瓷器。这处西夏古瓷窑遗址的发现,不仅丰富了我们对西夏瓷窑的认识,也填补了西夏瓷器研究的空白,并且为我们研究西夏社会、文化提供了难得的实物资料。

　　翻过了几道山梁,我们进入了大西峰沟,

大西峰沟·老虎岩画

　　树林沟岩画就分布在贺兰山树林沟的洪积扇上,过去遍地石头遍地岩画,如今有岩画的地方只有山坡高处,靠近山口的地方才有,就是高处也有不少搬走石头后留下的土坑。

大西峰沟·老虎岩画

大西峰沟·骆驼岩画

大西峰沟·野牛岩画

大西峰沟·夺地之争岩画

岩画动物形象加符号，有可能是以指示或会意的方式表达一个完整的意思。对它的破译是一个艰巨的系统工程。

漫山遍野是次生林，郁郁葱葱，令人心旷神怡。大约向西行进约 10 公里，转了几个山弯，来到了一座高山之下，坐西面东有一处台地，三面环山，遗址依山开辟为 3 个石砌的梯田平台。下部东西长约 100 米，南北宽约 70 米，顶部比底部略小，有一排现代人居住的平房。在遗址的地层剖面仍可见到大量埋在土里的板瓦、筒瓦、长砖、方砖等建筑材料。这里树木茁壮，环境幽雅，避风向阳，是一处难得的避暑胜地和幽静去处。

此处遗址在 20 世纪 50 年代以前尚保存完好，后来被开发为人参育种场才盖了住房和修了梯田，变成了今天这种模样。如今，人去房空，除了放牧的在此歇息外，几乎无人问津了。

离开遗址沿沟东行，只见山沟两侧山石光滑平整，不由得引起我的注意，一般情况下在这种石面上会发现岩画，果然行至二关处，终于在山石上发现了不少岩画，有狩猎图、人面像、动物形象，尤以骆驼、鹿、牛形象生动优美，寥寥几根线条就活灵活现地绘制出了骆驼、牛、鹿的形体，不由令人赞叹叫绝。

快到沟口时又发现了一幅狩猎图，猎人着装简单，似披兽皮，手执弯弓，形象生动。在沟口北侧的山石上又发现了野牛图以及人面和鹿等。

出了大西峰沟，我们终于踏上了归途。西边的太阳就要落山了。

路过小西峰沟时，我忽然发现山口北侧突

兀的山石又黑又亮，好似等待的亲友立在山边。我不由自主地走了过去，乘着夕阳的余光，我看到了众多的岩画，简直刻满了岩石。大伙都拥了过来，高兴得又跳又喊。此处岩画西侧30米处还有一个突出的高大山石，我又跑了过去，哇！岩画更多，在有一间房子大的石面上刻满了画，尽管天色已经黄昏，隐隐约约的岩画好似仍在欢跳，一个一个精灵似的招人喜爱。

这一天收获最大，可以说满载而归。

由于头一天回来太晚，道路不熟，只得雇小张做向导，我们沿着山边直奔大西峰沟。路过小西峰沟时，把小西峰沟的岩画拍摄了一部分精彩的。并且沿着山脊又发现了一小部分零星岩画。没有久留，又转向大西峰沟，除了看到头一天看到的岩画外，又零零星星发现了一些岩画。我们从头关、二关、马场将近10公里处的山石上发现了不少岩画。

岩画真找起来就全凭"认真"二字。许多岩画由于年代久远十分模糊，不走到跟前辨认就会从眼皮底下溜过去，还有一些岩画就藏身在高处远处的山石上，走不到就看不到；往往是跑冤枉路的多，跑空路的多，千辛万苦爬了上去结果一无所获，这时最令人懊恼沮丧，乘兴而去，扫兴而归，只有坐在山头上望山兴叹。此时，歇一歇，看着千山万壑，满山青翠，听着山风的嘶鸣，听着山雀的歌唱，好像一切烦恼、疲劳顿时消失了，又向着下一个目标前进了。

这种单调的重复，一次次失败，又一次次

扁沟岩画的内容与树林沟相同，岩画所剩有限。这些岩画都是制作在山前洪积扇的石块上，这些石块均有着黑色的岩漆。由于年代长久，岩画的颜色呈暗褐色，多描绘草原动物、森林动物以及狩猎活动，形象简洁，基本上是减地阴刻制作。

大西峰沟·人与动物画岩

滚钟口岩画分布在山坡洪积扇的巨大花岗岩石上，海拔约1300~1400米，岩画内容大体是纪实性的，描绘了当时人们的信仰和崇拜以及生活场景和所见所闻。岩画动物有北山羊、鹿、黄羊、马匹，还有人骑、狩猎形象，还有对太阳崇拜和交感巫术的描绘，艺术地再现了古代游牧人的社会风情和狩猎、游牧生活。岩画古朴、粗犷、奔放。

贺兰口·老虎岩画

新的发现,一次次扫兴,又一次次兴奋,组成了文物普查抑扬顿挫的旋律和乐章。为了搞清岩画的分布,数量并取得准确的资料,必须经过多次调查,就像梳头一样,反复梳几遍才能捋顺。

大麦地·人面像岩画

第三天去大、小西峰沟我们已经熟悉山路了,为了节省经费就不雇向导了。出发时仅租了老代两头驴,我和马兴国一人骑一头,雇来的知青小孙和小杨年轻,他们多走走。我骑驴技术不行,拣了头老慢驴骑,马兴国骑术好,自称小时候放过几天驴,就骑了头小驴。一路上我们扬鞭赶路又说又笑好不惬意,过了乱石沟,上了山包,快到白虎沟时,突然马兴国的小毛驴惊吓狂奔,我不知所措之时,只见马兴国从驴身上摔了下来,跌得很重,爬也爬不起来。我立即从驴身上跳下来去扶他,只见他面色苍白,晕晕乎乎,120相机的手柄也被摔歪了。原来是小杨穿的红色运动衫,把毛驴吓惊了。我们只得把马兴国搀扶到白虎沟金山林场的羊圈去休息,安顿好他才又骑驴去考察岩画。

大麦地·人面像岩画

下午我们回来时,远远就看见马兴国站在小山包上等我们,相见时他已经完全康复了。他神秘兮兮地对我说:"你们辛苦了,我慰劳你们。""你怎么说反话了,该我慰劳你。""真的,真的我慰劳你们。""拿什么慰劳?这荒山野岭,你拿空气慰劳?"我们都把他的慰劳当成了一句玩笑话。没想到来到房前果然闻到了一丝肉香味,他说他同小羊倌商量花5块钱买了羊圈叫鸣的小公鸡。一只鸡太少了，吃鸡时三下五除二，还没解馋，一只鸡变成了一撮骨头。

五根油条的交易

1984年5月，我带队进行贺兰县文物普查，一天县林业局张文林告诉我金山林场朱占福场长手头有几件珍贵石器。听到这个消息，我们立即赶到了金山林场。

金山林场正处在初创时期，推土机把一座座小沙丘推倒进行平田整地，朱场长就住在简易的工棚里。要说朱场长在贺兰县可是个大名鼎鼎的人物，参加过抗美援朝，是神枪手，立过战功，而且为人豪爽。他看见我带着几个年轻人，见到就问"什么风把你吹来了。"

"无事不登三宝殿嘛！"

"我这小工棚能有什么好东西。"

"听说你有几件宝贝，拿出来欣赏欣赏。"

朱场长从一个木头箱子里拿出了几件石器。这批出土的文物中有石斧1柄，属黑曜石，石斧刃部经过加工磨制，光滑锐利，小巧玲珑。还有1件石器，石斧中间有一条黑线，虽然残破但仍很精致。更珍贵的是1件石杵，有一个又光又圆的大头，如同现在家中常用的捣蒜锤，杵柄略呈扁形，明显有打制和磨制的痕迹，圆头顶部光滑细腻，像个半球。后来才知道，这件器物是件宝贝，它的名称应该叫石祖，是生

大麦地·头戴羊角的人岩画

卫宁北山大麦地岩画头戴羊角的牧羊人形象，其含意可以有三种解释：一是图腾崇拜形象；二是羌族先民的形象；其三，为了狩猎，人们装饰成野羊的样子。据此推断，大麦地最早的开拓者和岩画制作者应该是羌人的先民。

朱占福场长送的贺兰县金山林场出土的石器(1984年5月)

贺兰山驴尾沟·人面与动物岩画

殖崇拜的产物,它可以插在地上让人们顶礼膜拜。另外还有1个石磨,由1块自然条石制成,外形似船又似舌头,石磨中央有使用过的凹槽,样子有些像现在中药加工的药碾子,显然这是我们古代先民加工粮食、草籽的用具。这几件石器看了令人爱不释手。

"怎么样?"朱场长看着我们问。

"是不错,很有意思,说说来历吧。"

1980年秋,金山林场在战备路(即沿山公路)西侧25米处打了一眼机井,挖井座时,在地下1.7米处发现几块石头,形状奇特,并且发现10厘米厚的灰烬层,当时在场的朱场长看了又看,认为这些石头是宝贝,就把它们珍藏了起来。几年来,朱场长从不示人,仅给好友们欣赏欣赏。

看过石器,他带我们来到挖出石器的机井旁。这里实际上就在贺兰山洪积扇的下方,离贺兰山近在咫尺,山上郁郁葱葱的山林看得清清楚楚。山下是一片苍茫的旷野。我们在机井旁还采集到不少红陶片和夹砂陶片。回到工棚,我拿着石器舍不得放下,朱场长看出了我的心思,"喜欢上了吧。"

"你留着也没用,这是文物,不如交给县上,以后还有用场。"

"我攒了几年,你说拿走就拿走,我不太吃亏了?"

"那好办,我带着几根油条跟你换。"

"那我也太吃亏了,有什么法子,你要我能

不给吗。"

这是一次不平等的交易，我用五根油条换了几块石器。说心里话，朱场长根本不在乎这几根油条，我们是老朋友，他是根据工作需要才送给了我们。我千恩万谢他的慷慨大度。后来这批石器不仅在自治区文物普查成果展览会上展出过，还在玉皇阁银川市文管所展出过，成了贺兰县的宝贝疙瘩。我还有一个想法是，朱场长的这批石器，出土在贺兰山脚下，同贺兰山岩画肯定有一定的联系，它们之间有着血肉关系。

贺兰口·人面像岩画

紧接着我们又一次造访金山林场，在朱场长的指引下来到西北方的北四渠，这里同机井出土石器的地方大致在一条直线上。面积约20公顷，我们踏查后采集到了一批石器，有石磨盘、石斧、石锛、石球、刮削器、石磨棒等。这批采集到的石器同贺兰县暖泉"仰韶文化"有直接关系，那时人们住在地穴式的房屋内，有火瞠，使用石器和陶器，过着原始农业和畜牧业的生活。

站在金山林场的原野上，仿佛看到了新石器时代的原始先民们，在贺兰山下种植着小片的禾苗，在原野上追逐着野兽，夕阳下炊烟袅袅，一派祥和宁静的生活。

贺兰山白沟·人面像岩画

同时，原始先民们又在贺兰山上伐木砍柴，或狩猎，或在山石之上制作了岩画，描绘了他们的生活，表达了他们的情感、思想、愿望。把山石当成"画板""画纸"，在上面刻画了他们心中的信仰和崇拜。再后来,我在贺兰口岩画旁采集到 8 件石磨棒,同金山林场采集到的石磨棒大致相同。贺兰口岩画地区采集到的石磨棒因多次使用和历时久远而残缺不全。总之,这些山上山下的石器丰富了贺兰山地区的文化内涵,对岩画的产生、发展以及岩画断代提供了可信的证据,同时为研究贺兰山地区古代自然环境和古人类活动具有重要的科学价值。

苏峪口·动物岩画

跋山涉水的日子

从山里回来时我们坐着拉石灰的汽车,又呛又扎,一个个几乎成了"白人",在沟口打听到了一名我在县上办的赤脚医生培训班的学生张兰花。她在金山乡一带小有名气,住房宽绰,特意给我们腾了一间大房子,大伙很满意。

从苏峪口地理环境看,风景如画,同贺兰口相似,我打算从山口南侧开始调查,没料到在检查站后面的第一块巨石上就意外地发现了岩画。第一步就踏上了成功之路。

苏峪口·射猎岩画

这是一幅狩猎图,画面不小,但形象很小,研磨制作,久经岁月风蚀已经模糊,但尚可辨认出群狗在追赶猎物,还有似飞来器的捕猎工具。

在山弯开阔地带的公路边巨大山石上,又发现了不少岩画,有人面像、马、北山羊、重圈、符号等,在山石西北角旮旯的石面上有一幅研磨岩画,画面宽 43 厘米,高 68 厘米,有人面像、重圈、手掌、脚印、符号,给人一种神秘莫测的感觉。这幅岩画细细分析,原意是爱情的表现,是男欢女爱的象征。

此处巅峰的一块巨石上有一个人面像,隐隐约约可见到,小孙自告奋勇爬了上去,也仅可以看见侧面,想拍照都不行,真拿它无可奈何。这块大石头向外突出,只能仰着看,而且巨石狠劲摇它还活动。我急忙让小孙下来,免得发生意外。坐在山石上,我思忖了好一会儿才琢磨出,这块巨石下面的石块都脱落了,才造成悬空现象,在这么高这么险的地方作画,真正用意非同一般。

在苏峪口北侧台地上,我们发现了几个大块石头上有各色各样的人面像,由于年代久远,石面大块大块地脱落,许多造像斑驳、漫漶。但从仅存的可以看出与贺兰口岩画中的人面像十分相似或相近。经过鉴别、比较,我深信人面像是一个十分古老的题材,也可以说是岩画艺术的最早篇章。这种人面像岩画其实就是神灵的形象,是最早的太阳神形象,也是人们使用的面具形象,是古老的巫傩文化的组成部分,我国东南沿海一带,以及北美洲的太平洋沿岸到澳大利亚北部都有分布,而最多最精彩的部分则是北半球的北方草原地带的黑龙江、乌苏里江、安加拉河、叶尼塞河、内蒙古草原都不少,但唯独贺兰山地区,包括贺兰口、苏峪

岩画的艺术形式由写实与写意两种形式组成,主要是写实形式,即侧重于对事物的描绘,表现具体的情节、场景和真实的形象。尤其是岩画中各种动物形象,许多精彩之作形象生动,惟妙惟肖,往往寥寥数笔却神态逼真。

苏峪口·性崇拜岩画

白芨沟·游牧风情图岩画

岩画中有许多是动物图案，有单个的也有成群的，有伫立的也有奔跑的，有牛马羊驼等食草动物，也有虎豹等食肉动物，许多形象刚健有力充满了生气。这些动物是先民们取之不尽用之不竭的生活来源，也孕育了人们的创作灵感。

苏峪口·人面像与符号岩画

苏峪口·鱼岩画

口、海勃湾召烧沟最多，最集中，是巫文化的发源地和中心。

沿着村庄的山边到底有没有岩画，我决意去探查一下。一天下午进山时我们就沿山边走，这一带酸枣刺特多，一丛一丛密不透风，我们只得踩着园子围墙走，边走边看，老天不负有心人，在庄子边的大松树旁的突兀山石上果然发现了岩画。

这是一个很重要的岩画点。有人面像，有群鹿图，虽然漫漶严重，但仍有个别鹿的形象逼真，长长的角，长长的吻，还有一组虎扑群鹿的形象。在这处山石上，我意外地发现了鱼的形象，一个鱼的轮廓，有嘴，有尾鳍，既有神似，又有形似，是一条活灵活现的鱼。在游牧民族的岩画中出现鱼的形象似乎是不可思议的事，其实并不奇怪。这里背靠巍峨雄伟的贺兰山，面对着的却是举世闻名的黄河洪流和银川平原，沃野千里，湖泊星罗棋布。早在公元5世纪，北魏大学者郦道元在他的名著《水经注》中就记载了："河水又北，过北地富平县西，河侧有西山相对，水出其间，即上河峡也，也谓之青铜峡……河水又东北,经廉县城东。"此段记述了一千四百多年前黄河出青铜峡往北到廉县城东。据考古发现,汉代廉县的位置就在现在贺兰县暖泉地区,由此可见那个时候黄河远在现在的西边,其故道距贺兰山不太远。加之那时湖泊相连,如串珠一般,有水则有鱼,自然鱼类不少。鱼形岩画正是先民们在山上狩猎,在河湖里捕鱼的生活写照。

我们在酸枣树林里、在蝎子草丛中又发现了狩猎岩画和人面像。使我又一次体会到,寻找岩画得有耐心,不能偷懒,甚至一步都不能少走,一定要到岩石前仔细察看才能有所发现。

我们调查岩画引起了孩子们的注意,张兰花的儿子说回回沟有一头大牛。吃饱了早饭我们就出发了,我把人马分成两组沿着沟的两侧探查,边走边看边聊,不觉来到一个岔路口,一条沟向西,一条沟向北,不知选哪条道走。干脆马兴国的那个组向北去查,我的组沿着大沟继续前进。

终于在沟北侧的一块近似长方形的山石上,发现了岩画,石头顶部有 3 人跪下的祈祷图,双膝着地,双手上举,一副虔诚的样子。这种 3 人祈祷在过去的岩画中尚未发现,单人的祈祷图发现过。在祈祷图的下方有"太平天国"四个字,"国"字里面是王字而不是玉字。相传清同治年间马化龙回民起义,义军失败有数十人在这条山沟中被害,故名回回沟,说不定这

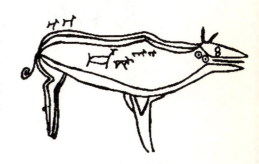

回回沟·巨牛岩画

一般来说,岩画中的动物动感较强烈,表现了生命力的可贵与顽强,生机盎然,朝气蓬勃。因此也显得活灵活现尤为喜人。

写意岩画虽然数量不多,但十分重要。这种写意性的岩画具有很强的概括性、抽象性和符号性。这些艺术的积累,是人们长期生活实践、思维活动经过综合分析和抽象化了的产物,是形象远离了原型又摆脱不了原型的简练表现手法。

文物普查时作者发现回回沟巨牛岩画（1984 年 6 月）

岩画反映了古代游牧部落的愿望和追求，凝结了先民的审美意识，积淀着先民们的美学观念，是他们对生活的理解和信仰的升华。他们不仅仅是追求完美，而且是表达自己的意愿。

贺兰口·人面像岩画

几个字就是起义军所为。

当我们走到一处山石险峻之处时，山石相峙，沟深谷邃，我仰面观察时，忽见在南侧山顶立崖的石龛下有一头岩画巨牛迎风而立，好不威风。就像巨大的牛牌广告竖立在群峰之上。巨牛岩画在一个直立的山头之上，两侧是深沟，爬上山头仅有很小的一点回旋之地，向下一瞧顿觉头晕目眩、寒风飕飕。巨牛很有特色，首先是大，宽 2.01 米，高 1.01 米，与真牛一般大小，磨刻制作，由双复线组成，并配有装饰性重圈，避免了单调和单薄，有了厚实凝重的感觉，另外，在牛身上和旁边又加了 6 只北山羊，不仅使画面活跃了起来，而且这种填空补白的方法显示了古人布局谋篇的高明。这幅巨牛图仍是巫术活动的反映，是巫术模拟的复壮表现，制作一次比一次大，一次比一次壮，从双复线就十分明显地看出壮大的形象。这种巫术是把"灵力"的意念传达到牛的粗壮和膘厚肉肥上，使牛生长旺盛茁壮成长。这种巫术操作既有复制又有复壮。表现了原始先民的美好愿望和祈盼丰收的心情。每次操作都比前一次操作有收获，每一次操作都见长，这才是先民的本意。直到现在，人们仍然保留着这种风俗，把牛赶到山沟里，用石块和树枝把山口封住，过一个时期人们进山看一看牛在不在，壮不壮，然后就放心地走了。牛身上的几只北山羊则是借助牛的"灵力"增产和复壮，同样有着模拟巫术的作用。

再访西夏离宫

考察过贺兰口西夏离宫后我的印象深刻，感触颇多，认为是一处极为重要的遗址。为了搞清楚该处遗址，这次文物普查我带了平板仪，决意要绘制出遗址的平面图。我们做了充分的准备，雇了两头毛驴驮仪器、口粮、锅灶，一路上叮当作响好生热闹。

来到西夏遗址下的柜房子。此处地势开阔，曾采过煤，给掌柜的盖过两间平房，所以叫柜房子。这都是早些年的事了。房子现在成了放羊人的住房，夏季天热草好羊进山，冬季天冷又迁至山外。我们去时虽是夏季，由于护林禁牧废弃了，门窗皆无，仅地面铺了一层木棍。我们也无法打扫，只是简单地收拾了一下，把木棍摆顺了就把雨衣铺在地上当做床。

在门外的石头上支起了锅灶，大家在四周山上捡回一大堆干柴，就算是把家安好了。小杨患感冒，就让他留守柜房子，我和马兴国孙吉军三人背着平板仪扛着标杆上山去测量。

离宫就在柜房子的西南方，当年西夏修的道路仍然可辨，上了山峁，是一个长方形的平

树林沟·人与动物岩画

作者在贺兰口岩画点（2000年）

考察大麦地岩画时的宿营地（2003年）

台,可做赛马场,也可驻军。向南200多米就进入了一层层石块砌筑的离宫遗址,在遗址的中部偏北有两个夯筑的土台,估计是李元昊与妃子居住的大殿和偏殿遗址。我们铲掉大殿上的土层之后,露出一层铺地方块,皆为磨砖对缝,十分讲究。这里四面临山,绿树环抱,环境幽静,我们休息时躺在如茵草地上分外惬意。史载李元昊在贺兰山"大役丁夫数万,于山之东营离宫数十里,台阁高十余丈,日与诸妃游宴其中。"此话信然。在深山之中有这么一片福地,是天之造化,地之荫庇,不临其境,不知其奇、其伟、其高。这里是浓缩了的皇家林苑,亭台楼阁,小桥流水,巨石峥嵘,是一处世外桃源。

晚上睡觉前为了防止野兽袭击,我们用树枝把门窗堵住,但仍然是两个大黑洞,就像山里土豹子或狼的两只眼睛,闪着黝黑的光。开头他们说让我睡在里面,天色如墨染一般,四周一片寂静,只听得山风呜咽,吓得一个个往里钻,我只得睡在临门临窗的地方。谁知,夜里老鼠成精,搅得大家睡不成,老鼠大得如小猫一般,贼头贼脑,来回乱窜,把放吃的箱子咬得嘎吱乱响,只得点上蜡烛起来打老鼠,打跑了,刚躺下,又来捣乱。起来睡下,睡下起来,折腾一夜,搞得人困马乏,恨得牙都痒痒,但又没有良策。后来把吃的吊在梁上才平静了许多。我并不担心耗子,怕的是耗子会引诱蛇来。毒蛇来了就可怕了。

在这里我们用了两天时间测量,绘制出了

一张珍贵的西夏遗址平面图,然后我们又把四周的小遗址进行了调查,还钻进了又深又窄随时都有塌方危险的煤窑考察。

作者(右)和陈兆复先生合影(1991年)

沿着当年狩猎的小道,我们登上了森林茂密的山头,极目远眺,层峦叠翠,秀色可餐,令人心旷神怡。原本想在山间能找得几枚箭头,寻遍山野也未见一个,只得望山兴叹。

第三天下午小孟赶着两头毛驴来接我们。我早先调查和研究贺兰口岩画时,就同小孟吃住在一起,他给予过我许多帮助。他话不多,为人厚道,就是嗜好抽烟,一根接一根,我也劝过他,但收效甚微,我很理解他,在大山里一个人生活和巡逻,只有抽烟去排解孤独和苦闷。

当晚小孟在小屋里挤着睡了一夜,第二天一大早吃过早饭就打点起程,开始了下一个行程。

贺兰山大西峰沟·野牛岩画

考察回回沟岩画之后,我们又去了韭菜沟,没有找到岩画,只找到一处寺庙遗址。经过了无数个跋山涉水、风餐露宿,文物普查工作终于结束了。贺兰县文物普查队被评为先进集体,我和马兴国被评为先进个人。我们的辛苦终于换来了累累硕果,贺兰县发现古遗址24处,古墓葬6处,调查古建筑9处,发现古代岩画、石刻13处。

当上了文物编辑

出于古代作画条件的简陋,岩画艺术家们只能是放弃物象的细节描写而使用省工省时经济实惠的笔墨去表现物象的整体特征。在岩画的制作中省略细节的描绘注重突出特征与物象轮廓方面与甲骨文和象形文字又十分相近相似,特别是动物的形象几乎没有太大的区别。

似与不似的模糊美,使岩画有了更广阔的天地,有了个性和生动性,使人回味无穷又使人捉摸不定,并产生神秘的文化氛围,恰恰这又是今天人们追求而又难以达到的特殊意趣。

归德沟·人骑岩画

为了深入研究岩画,看到更多的岩画,也是为了求得自身的发展,很显然贺兰县这块天地太小了。正在盼望之时,1985年3月11日文化厅向区宣传部呈送了《关于确定〈宁夏文物〉编辑人员的报告》,经商定袁宗杰厅长为主编,另有6人组成编委会,把我定为《宁夏文物》的专职编辑。

《宁夏文物》编辑部当时就我一个人。除了约稿、编稿,还要忙些杂事,一时根本顾不上调查和研究岩画的事。

就在这年2月14日收到中央民族学院少数民族文学语言研究所陈兆复先生的来信,他说:"我们想搞一个全国岩画的展览,想请您提供或推荐几张质量较好的底片。展出后要署提供者或拍照者的姓名。同年12月17日我又收到由盖山林执笔的中国艺术研究院美术研究所发来的公函,要我为《中国美术史》原始卷提供岩画照片,我哪有时间出去,真是有心无力呀!

忙了半年,总算理出了头绪,我又惦记起上山搞岩画的事。转过年,上班的第一天我就递上了《关于进行贺兰山岩画调查和整理的报告》。这是我手头现存最早的一份报告。在写报告之前,单位另一位头头曾对我讲过出岩画书的事,我自然很感激他,以为遇到了知音。不料报告打上去以后却如石沉大海,马鸣信同意了,那位仁兄不表态,以我不是业务人员为由打入冷宫。

　　时隔不久,因接待日本人给我上了一堂生动的教育课。日本《朝日新闻》驻北京记者松某访宁,我参加接待工作,他先后考察了银川地区、银南地区和固原地区的重要文物古迹,先后考察了一个多星期,全部由我们包吃包住,还专门为他租了一辆越野车。考察结束宴请他的那天晚上,他出人意料地提出第二天下午乘飞机前再到中宁石空去看看石空寺,并且一再强调石空寺如何如何珍贵、重要、有历史价值,领导当场也就答应了他,满足了他的要求。没想到从石空寺返回时不幸发生了车祸,我眼睁睁看见一个牧马人从路西跑到路东,谁知鬼使神差地又返身从路东横穿马路跑向路西,在那一刹那间,司机为了保护这位日本大记者,撞上了牧马人。没想这人命大,把车脸撞了一个大坑,他却没有伤什么要紧的地方,照样能走能说。一场虚惊把松某吓得够呛,没有神魂颠倒也魂不守舍,忙乱中我们发现松某在一个帆布书包中装满了整叠整叠 10 元人民币,分文未动。

　　送走松某,我留下来处理事故。那时我的心里很不是滋味,一股莫名之火在肚里燃烧。一个日本记者带了那么多的钱却一个子未动。我们心甘情愿地为人家花钱效劳,花几千元不心疼;而我打的岩画调查报告,要求的经费也

贺兰口·角形岩画

归德沟·人与动物岩画

归德沟·人面与符号岩画

　　岩画的美不在于细节的逼真,而在于整体的化一,不在于部分的精确,而在于具象的完整性。那些古老而又残缺不全的岩画又表现了残缺的模糊美,整体形象残缺或部分残缺,同样给人留下种种猜测或联想,造成许多悬念和推断。这也是岩画吸引人之所在。

不过松某花费的一小半而已，却如剜心割肉一般。反差太大了。

为了岩画，我只好请假

我当时只有一个希望就是完完整整、准确无误地将贺兰县的岩画资料全部取回来，然后出一本《贺兰岩画》。这是我唯一的愿望。

为了实现这个愿望，几经周折，后来我找到了贺兰县政协，得到了胡佩贤主席的大力支持。贺兰县政协委派马维林主管后勤和财务，我负责制订工作计划和具体实施。当天，贺兰县政协发公函给文化厅。贺兰县政协是动真格的了，该买的用品买了，要的孙吉军也来了，但是我的假却没准。为了图发展，为了实现理想和愿望，我可不想再过那种平平淡淡的日子，我的心在高山。什么办法好呢？只有请病假。我大妹给我开了一张银川市医院的病假条，半个月的假期，我想足够了。我只有找马鸣信，他把我调来的，又同情我支持我。如果这一次同贺兰县政协合作告吹，恐怕很难再有这样的好事了，机会难得，机不可失，时不再来。

5月下旬的一天中午下班时，在文化厅大门口靠近区文联大楼的拐角处我追上了马鸣信："马处长，贺兰县政协催我上山搞岩画，这边有人又拉住不放行，我总不能老等下去，好不容易有了一个合作伙伴，不能再吹了！只有

大西峰沟·老虎岩画

辽阔无际的草原，绵亘不断的山脉，数不清的牛羊，看不够的飞禽走兽，碧蓝的天空，苍茫的四野，共同组成了一幅气势恢弘、气象万千的北国风光和古代游牧先民狩猎、畜牧的生活画卷。

黑石峁·人物岩画

请假了。"听了我的诉苦,给他看了病假条。他叹了一口气,毫不犹豫掏出笔写了"同意看病"4个字。我悬着的心终于放下了。有了假条,我安排好工作,交代好有关人员,就打点启程了。

第一站我就选择了我发现贺兰山岩画的起点贺兰口,这里有我的根,有我的岩画情结和岩画魂。因为这里的岩画太丰富太了不起了,只要抓住了贺兰口的岩画,只要深刻理解和阐明了贺兰口岩画,可以说就抓住了贺兰山岩画的根本,就吃透了贺兰山岩画。

贺兰口山光掩映,翠鸟鸣和、泉水清凉,是一处世外桃源,也是一处古代民族、艺术、宗教的博物馆,集上下万年的历史于一身,古今碰撞,文史交融,神秘又伟大。那古铜色的岩石,如同她饱经沧桑的脸庞,美丽又坚强,动人又芬芳。这里崎岖的小道,正是攀登岩画山峰的阶梯;这里的山泉,正是干渴时的甘泉佳酿。

插旗口·人拉狗岩画

聪明的石头会说话,因为石头上的岩画铸进了先民的思想和灵魂。

贺兰口·人面像岩画

有惊无险

为了便于掌握、了解、识读、研究贺兰口岩画,我仍将贺兰口岩画划分成沟南与沟北两个大区,然后依据山石的自然分布再划分成若干个岩画地点,最后依据岩画的独立性、整体性和单元性组成一幅或一组。为了确保岩画线图的准确性,基本上都是我亲手临摹,依据岩画石面的大小,把塑料薄膜裁剪得稍大于岩画,

贺兰口·巫觋岩画

贺兰口·人面像岩画

不论是谁，对贺兰山岩画最感兴趣的仍是数不清、看不够、入了迷的人面像，千奇百怪、扑朔迷离、引人入胜、神秘莫测，人画人自己，这是一个永恒的主题，是一个永远也探索不完的课题。

贺兰口·人面像与西夏题记岩画

这幅人面像岩画，历来被研究者重视，而且众说纷纭，莫衷一是。经过显微观测及进一步的分析，我认定，是西夏战神的形象，如果说还有巫觋含意的话，也是一个全副武装巫觋的形象。

然后用软芯笔描摹下来。由于塑料薄膜透明，岩画的线条清晰可见，完全可以做到准确无误，而且描摹速度很快，只要配合好，每天至少可以描几十幅甚至达百幅。后来，来到高处时，困难明显增大。

那天临摹山崖顶部的两个人面像，这幅岩画很有意思，两个相似的人面像一个在上一个在下，共同植根于一条长蛇之上。这是一组神话传说的岩画，实在珍贵无比。这组岩画是中华始祖伏羲、女娲的原始形象，同生在一条长蛇之上。关于这两位始祖定四海炼石补天、捏土造人、结网捕鱼、教民耕作等，至少在新石器时代的黄河流域已广为流传。它高居山崖之上，鸟瞰大千世界，体现了至高无上、无与伦比的威严，充溢着智性、人性与思维之光。它不仅仅反映了认祖的意识，也反映了远古人们对生命与生殖的群体意识。仅此也可以看出我国这个大的文化圈有何等博大的胸怀和深厚的文化内涵。这组神话岩画在山崖上，仅有一条山石裂缝可以站人，下面的地方不足1米宽，1米以外是数十米的深渊，令人望而生畏。

由于工作台面过于狭窄，我只得让助手孙吉军爬上去临摹，我用双手托着他的屁股。小孙在上面临摹，山风嗖嗖吹过，无形中增添了恐惧感，加之四野空旷，云层低垂，居高临下，更使人如临深渊。小孙临摹完后，我退到右侧给他让位，并再三嘱咐慢慢下，一定不能跳，我一手提包，一手拽着小孙的衣服。谁知小孙顺

066

着裂缝下来时，在即将着地的一刹那，鬼使神差地往下一跳。本来石面就不平整，而且有一定的坡度，仅有几十厘米宽，他一跳，不由向后倒退半步！这半步几乎到了悬崖的边缘，他轻微晃了晃站住了。如果他再向后哪怕一点点，都有栽下去的可能，后果就不堪设想了。

我吼了一声："不叫你跳，你跳什么！"急忙把他拉过来，我的心都要从喉咙里跳出来，吓死我了。气得我想大骂他一顿，但没有了力气，一屁股坐在山脚旁起不来了。

刚才的那一幕惊险历历在目，我越想越怕，没有了小孙我怎么交代？喘过气来我对他们说："今天就干到这里吧，回去休息，明天再说。"就撤兵了。

回来平静以后，我再三强调安全第一，不能再发生类似的事了，责任重大，万万不可马虎。我们又来到了第二处悬崖，原来山石尚有一定坡度可以爬上去，后来修水渠时拦腰炸开一个大豁口，从此就更加陡更加险了。

在山崖上部有约100个人面像，形形色色，实际上这些人面就是傩文化的面具，造形各异。这些面具又反映了各种各样

在我国新石器时代的陶人面像到商周的面具、饕餮纹，延伸到汉代的玉面饰等等，不能不说这种文化渊源是何等流长，加上连续诗章的岩画面具，更是辉煌灿烂。千万年来这些艺术的火种不绝，能够延续下来，是因为都植根于民族的深层文化的沃土中。

贺兰口·太阳神岩画

贺兰口·人面像岩画

作者在贺兰口描摹岩画（1987 年 6 月）

超凡脱俗的神灵。这山崖上的种种神灵不仅需要人们敬仰安抚、顶礼膜拜，更需要人们模仿、讨好，甚至用以镇服其他的鬼怪或恐吓敌人，以求得心理安慰和安全的需要。总之，这种相依相伴的心理的、物质的需要是多方面、多角度的，包括了生活的方方面面。这就是贺兰口众多人面像、面具、神灵产生的社会和文化背景。

为了临摹此处山崖上部的神灵鬼怪，我们不仅借来了梯子，还系上了保险带，让小孙爬上石崖顶，找了找也没一棵树可拴保险绳，只得系在他的腰间，双脚蹬到石头上。我和马维林轮着上阵临摹。一个人在梯子上站久了难免腿酸，只有轮流上阵才能保证按时完成任务。

我休息时看到这独特而壮观的情景，不由拿起相机留下了珍贵的镜头，马维林也为我拍照，留下了难忘的瞬间。

时光飞逝，山间万籁俱寂，只有熏风吹得人欲睡，小孙也两眼惺忪打起瞌睡。此时，我却双脚立在梯子顶端身子俯在石崖上临摹岩画。刚想挪动一下双脚，只听得上边哗啦一下掉下一大截保险绳，我大叫："小孙！怎么啦？"才把他惊醒了。"我打了个盹儿！"小孙在我头顶上说。"好险呀，我要动弹一下，说不定从梯子上摔下来把你也带着掉下来，2 条人命呀！"我说。"对不起，我真的打瞌睡了。好悬呀。"

这次有惊无险提醒了我，又接了一根绳子拴在山崖顶上的一个大石头上，坚持把这处的岩画临摹完。

尝到了丰收的喜悦

在贺兰口我们用了1周时间，终于用"盖氏法"把全部岩画资料收集到了。其中有两天是搭着梯子拴着保险绳爬高就低地临摹资料。尽管冒了险，吃了苦，但心里乐滋滋的，终于实现了全部收集贺兰口岩画资料的夙愿，多年的梦想变成了现实。看着一袋一袋岩画原图有说不出的欣慰，望着满山的翠绿，我第一次尝到了丰收的喜悦和辛勤耕耘得来的硕果。

忙了一周该休整一下了，而贺兰口西夏遗址仿佛又在召唤我们。尽管时间有限，但有足够的经费，租几头毛驴和雇名向导还是绰绰有余的。于是我们又兴致勃勃地去游览西夏遗址并且欣赏沿途壮丽的水光山色。

那天出发时，我仍骑一头老慢驴。马维林年轻气盛，要骑一匹十分英俊威武的黄骠儿马。贺兰口一带深山是贺兰山的主峰所辖地区，海拔3556米的沙锅洲就在贺兰口的后山一带，这儿山高林密，云雾缭绕，自然景观十分美丽，大自然的神奇造化总能

贺兰口·人面像岩画

如今贵州一带仍盛行傩戏，西藏高原上的藏羌信仰喇嘛教的诸民族，仍以面具在宗教庆典上舞动。还有遍及我国西北各地的神出鬼没的巫婆神汉至今仍在戴着面具，挥舞着腰鼓在民间流行。这种历史的流传和联系，不仅是"驱鬼逐疫""祈福禳灾"，也有敬天地礼鬼神的含义。这些发生在昨天又连接着今天的人面、神傩，都是中华巫傩文化的重要组成部分。

在考察岩画途中（右一为作者，1987年7月）

贺兰口·人面像与西夏题记岩画

贺兰口如此众多的人面像，既表现了当时人们的审美情趣，也表现了原始宗教中自然崇拜的拟人化的内涵。"一部社会发展史就是一部自然发展史"（马克思语），这也是贺兰口岩画奥秘的答案。

为申报国家文物保护单位，作者在收集贺兰山岩画资料（1993 年 5 月）

牵动人的每一根神经，使人陶醉，使人乐而忘忧。我正沉浸在山色变幻之时，忽听得马维林那匹儿马一声长啸，只见前蹄竖起，转眼间马维林从坐骑上摔了下来。我急忙下驴去搀扶马维林。说来也怪，在这深山之中竟然会有一小块沙地，马维林恰巧摔在了沙地上，竟没有受伤。真要感谢真主的爱护啊！儿马跑了，我们轮流骑驴，又一次来到了西夏遗址。

站在西夏遗址上我感慨万千，不由缅怀往事，回顾历史。西夏其址"东尽黄河，西界玉门，南接萧关，北控大漠，地方万余里，以贺兰山为固"，西夏首府兴庆府，后改中兴府（今银川市）"西北有贺兰之固，黄河绕其东南，西平为其障蔽，形势便利，询万世之业也"。人去物空，遗址尚存，尽管西夏在历史的长河中极为短暂，但是他们在贺兰山中却留下了可贵的历史足迹。这里的一砖一瓦一个瓷片都折射着西夏文化的光彩，都是中华大文化的一个组成部分。徜徉在遗址之上，评论千秋功过，这不是人生的又一幸事吗？

从西夏遗址回来我们一直惦记着那匹桀骜不

驯的儿马,给马的主人家多支出 10 元找马费,就急急忙忙向插旗口转移了。

贺兰口再见了!我们带着丰收,带着喜悦,带着理想和希望,也带着一大袋装满了岩画原图的珍贵资料,心满意足地踏上了新的征程。

一顿美餐

我们仍住在代喜家,租他们家的毛驴南征北战收集岩画资料。我们临摹大西峰沟的岩画那天恰巧是阴历五月端午节。早上喝的是稀饭,吃的是饼子,然后带了饼子和开水就骑驴出发了。

这年天大旱,从春到夏,没有下过一场雨,真是炎炎烈日似火烧,遍地野草半枯焦。昔日的青山绿树都已泛黄,贺兰山似火焰山,蒸腾滚热的气浪横扫着大山的每一个角落,使人觉得酷暑难熬。

大麦地·虎与变形羊岩画

我们忍受着热浪,坚持把大西峰沟的大老虎岩画一个个临摹下来,已过中午了,仍然手脚不停地干。个别地段的岩画一人多高,够不到只得垒石头站在石头堆上临摹,人又渴又饿。我知道,这时只能坚持,一松劲就会全军溃退,再来干至少得半天。我就抚慰他俩与他们调侃:"坚持坚持,快干完了,干完了到上边的羊圈休息喝水。""啥时候了还干,今天可是端午节。""大山里有啥节可过,别白日做梦了。"

岩画中的许多图画,如果能释读的话,是一个生动的完整的故事,尽管有的画很复杂、繁芜,但总是在叙述表达一件事或一个想法。可惜直到如今这种岩画语言我们仍读不懂,尚处在认识图像表象的初级阶段。只能说这是最浮浅的认识阶段。

大麦地·人捉蛇岩画

大麦地·人面像岩画

"满山的羊，捉一个来吃吧！""好啊，你去捉去，咱们享清福。"有时干累了开开玩笑也就驱散了疲劳和饥渴，望梅止渴有时也顶用。

终于，我们从山崖上下来了，骑上毛驴向马场下庙老孙的羊圈走去，老孙的那条老狗叫个不停，那声音沙哑，叫得又闷又粗，令人听得难受。老孙听到狗叫出来迎我们，帮我们拴好驴。

没进屋就闻到了煮肉的香味。走进黑洞洞的小土屋，发现一个女人在灶边添火。"我老婆给我送粮送菜来了。"老孙介绍说。"好啊，给老婆过节呀！"我开玩笑说。"哪里，这只羊贪嘴，吃树叶时从山崖上滚下来，跌得半死，让我给杀了。""你们有口福，让你们赶上了，快坐在炕上，羊肉就熟了，我给你们盛几碗。"老孙的老婆说着，往炉灶里放了几块木头，猛烧了几把火，顿时香气四溢。小孙和小马喜上眉梢，我看他俩馋得直往肚里咽口水，连喝水也忘了。老孙给我夹了一块带肉的骨头让我啃，那味道真是太香了。

我和老孙1984年文物普查时就认识了，我带着孙吉军他们来到此地，在老孙的小屋里喝过水、歇过脚。在大山深处过端午节竟然会有肉吃。这真是一顿令人难以忘怀的美餐啊！

合作流产

我再次来到小西峰沟，这里岩画比较集中，也很精彩，尤其是那一大方游牧风情图，可谓岩画的上乘之作，画面宽 2.1 米、高 1.1 米，场面宏大，人物众多，有狩猎，有放牧，有舞蹈，各展风采，真是美不胜收。接着，我们又辗转来到了苏峪口、回回沟，在苏峪口内的一个山塆里，我很想把高处的人面岩画临摹下来。可这儿山势陡峭，又有许多小石子，脚下滑得站不住人。有人路过此地说："这儿炸石头跌死过人，你们算了吧，不要冒那个险。"思量了又思量，我才决定不临摹此处的岩画，但又不甘心。转到山脚下又打量了打量，无意中，在草丛里我看到一块黑色发亮的石头，捡起来不由大吃一惊，是一个有些残破的石斧！长条形，有磨制的痕迹，仍残留部分刃部。

在欧亚大陆北纬 35°~38°，东自我国东北，西至欧洲多瑙河下游，存在着一条横亘东西的草原地带，草原气候介于温带荒漠和夏季雨林之间，自然条件保持着半干旱半湿润的特征。随着历史时期气候的变迁，冷热带发生扩缩和迁移，赖以生存的草原畜牧文化也随之演替和传播。而这个草原带上孕育了对人类历史发生发展演变有着深远影响的草原畜牧文化的精髓——岩画。

在贺兰山上采集到石斧，这是我生平第一次。这证明了贺兰山曾经是先民们采集、狩猎的好地方。不久前，我们在贺兰山的冲积扇和冲积平原上发现过石斧，在贺兰山里发现石斧却是第一次。这枚石斧把山下山上的原始先民们

大西峰沟·交媾岩画

麦汝井·人物岩画

岩画内容的丰富和多样性正是草原带上多民族迁徙、交流、战争的如实描绘。

澳大利亚·舞蹈岩画

连接到了一起，使我们仿佛看到了那些手持利斧与狼虎搏斗的先民，在劳动与生产之余，用钝石利器在山石上制作流传千古的岩画艺术。他们是那么的认真，又是那么的天真和富于幻想，把他们的信仰，他们的爱与恨，他们的理想和愿望都留在了山石上。

经过半个月的艰苦奋战，转战几百里，我们临摹了近千幅岩画，满登登地装满了一大麻袋，15天的辛劳，15天的希望全装在里面了；而它的负荷却远不止这些，它不仅装着我十多年的愿望，更装着我的追求和炽热的心。

我原以为这一次的合作该有一个圆满的结局，不管怎么说有这一大麻袋资料垫底，离成功仅有一步之遥了。但这时，贺兰县政协有人支持，也有人反对。关键还是一个经费问题，另外还有一个看法问题。经费紧这是事实，但对岩画的认识却是争论的焦点。有人认为岩画是一部历史，是一部石头的书籍和岩画的报章，但持这种观点的人是极少数；而大多数人则认为岩画无足轻重，不过是放羊娃信手拈来，胡涂乱抹的涂鸦之作，没什么了不起，说如何如何重要那是个别文人的胡吹。

无奈中合作流产了——他们仅把我拍的几卷照片各要了一套，而把那满满一麻袋岩画原图留给了我。我把这一麻袋岩画原图视若家珍，几次搬家都优先装运，妥善安置。我希望有那么一天能把它整理出来。这些岩画原图要整理出来并不是一件轻松的事情，得耗费时间，

澳大利亚·奔跑岩画

得耗费精力，得有耐心，也得有充足的经费。这一切对于我来说几乎是难以办到，我个人的力量太有限了。

我疲惫地回到了原单位。

我估计大家都知道我干什么去了。"你不是去看病吗，怎么晒得这么黑？"有人问。"我是日光疗法嘛！"我自嘲自解地回答。

这次合作留下了一堆资料，留下了许多美好的回忆，也留下了许多遗憾。千辛万苦取回来的岩画原图，没有发挥任何作用，只带给我一点心灵上的安慰。

从山上回来不久，我就接到了做《中国文物地图集·宁夏回族自治区分册》的任务，从此也就暂时无暇顾及岩画调查和研究的事了。我做梦也没想到国家"八五"重点科研项目《地图集》会遇到那么多麻烦，断断续续，哩哩啦啦，磕磕碰碰，拖延了10年之久。

我更没有想到，这批珍贵的岩画原图的命运更惨，一放就是10年。最后变成了一堆废物，由捡破烂的人当废塑料收购去了。

撒哈拉沙漠，横贯整个北非，东西连绵5000公里，南北纵深约2000公里。意大利考古学家在利比亚境内的沙漠古河床上发现了一系列旧石器时代的艺术遗迹，在褐色岩石上雕琢有各种形态的动物形象，其中有适应热带温暖湿润气候的长颈鹿、大角水牛、大象、犀牛、鳄鱼、河马等。然而唯独不见典型的沙漠动物骆驼的形象。此外，发现了大量简略的风俗画图，如捕捉犀牛、古代奇特的祭祀物品等。

重上贺兰口

澳大利亚·女精灵岩画

意大利考古学家在非洲的考察结果在一定程度上证实了这样一种推测：古埃及文化发源于远古的撒哈拉地域，或者说，起码受到它的巨大影响。

战士得有一支好武器，文物考古得有台好相机。经过多次努力，借《中国文物地图集·宁夏回族自治区分册》编辑之光，总算给我买了一台日本理光照相机，属于半自动，镜头较大，在当时是较先进的相机。有了好机子我如获至宝。

当时我手头就有一个彩卷，还是前不久自治区文管会和文化厅在固原须弥山石窟加固修缮工程验收鉴定会上，区宗教局小代把这个碰得瘪瘪的彩卷送给了我。我从固原回来找了一个好的暗盒，自己撬开重新装好了，没有舍得用，当宝贝保存着。

左想右想，觉得用到拍摄岩画上最合适，多年搞岩画手头并没有几张彩片。于是决定上山去拍岩画。

上山没法解决车的问题，我决计再骑自行车上山，不就是来去一百多公里吗，权当锻炼身体，走多远算多远，能骑到山上更好，骑不动时就回头。

简单地准备了一下，10月初的一个星期天早上出发了。临行前大雾弥漫，能见度很低，家人不同意，说很危险，但我执意要如期成行，我知道大雾过后必有晴天，开始骑慢一些，可能走不到半道就会放晴。他们执拗不过我，只得让我走了。我一个人优哉优哉地穿过大街上公路向西进发。轻车熟路，闭着眼我都能骑到目的地。

10月的贺兰山，秋风送爽，秀色壮观，沿途的酸枣红蛋蛋挂满了枝头，羊群似白云洒落在山坡上。四野静悄悄的，同城市的喧嚣形成鲜明的对照，别有一番情致。都说山里的人长寿，环境幽雅，空气清新，水质纯净，有鲜美的羊肉，有新鲜的蔬菜，在世外桃源里生活怎么能不长寿！

一路上只能走走停停，山越上越高越陡，悠着慢慢走。后来，自行车不但骑不成，反而成了累赘，得推着车向上走。

总算来到了贺兰山贺兰口，也就走到了目的地，时间是下午3点半。贺兰口北侧台地的麦场上，有几个人在打场。稍微休息了休息，提着相机就往岩画点走去。

夕阳辉映着山崖，一片金光，一派生机。夕阳里的岩画更显得生动柔和，滋润着天地灵气的岩画似有着无限的生命力，一个个活灵活现，跃跃欲试，连那些平日不明显的岩画也露出了庐山真面目，以笑脸迎接着太阳的温暖。我乘着太阳侧光的最佳时机拍下了一个又一个尊容。有一块西夏题记，平时很难发现，此时也显山露水地浮出了石海，尽情地让我拍照。我从里到外捡着拍，然后又转过山塆到水库旁去拍老虎岩画，个个都是那么清楚，个个都是那么亲切。拍完老虎时才发觉胶片刚好拍光。要再拍已是不可能了，仅有这一卷，为了这一卷我特意来了一次贺兰口。足见这一卷的珍贵了。

非洲·布须曼人狩猎岩画

法兰克福大学的考古学家把撒哈拉发现的3.5万幅岩画资料输入电脑后，却发现在撒哈拉生活过白种人和黑种人，他们的区别不仅在于色彩，还有面部的形状、使用的工具、饲养的牲畜等。黑种人能使用弓箭等较复杂的工具，培育有角的大牲畜；白种人只会使用斧头、饲养山羊和绵羊。说明至少在5500年前撒哈拉地区，自然环境优美，草木葱茏，流水潺潺，人们过着种植谷物、饲养牲畜、安居乐业的生活。

大麦地·太阳崇拜岩画

大麦地·狩猎岩画

大麦地·人面像岩画

人类在历史的早期阶段,生产力极为低下,无法理解自然力的种种变化和原因,只能用人格化的方式来理解和认识自然界的一切。而这些险峻的地方,正是神灵大显威力的地方。这些神祇有喜有悲有善有恶,有的面目可亲,有的狰狞恐怖,但有一个共同的特征,就是都有一个人的外部面孔的轮廓,而面孔内部的变化则是动物或自然物。这两个要素的组合,使有生命的人与动物或自然物结合,就脱离了人的属性而成为有情感有巨大力量和超凡能力的神灵。

羊群归圈,夕阳西沉,该回家了。我急忙收拾好相机,又骑车下山了,真乃来也匆匆,去也匆匆。

自行车顺着山路向下跑那可是够悬乎的,手得把车把抓牢,一松手车就会飞也似的向下冲,虽令人提心吊胆,却又有一种冒险的惬意。

车到镇北堡时,天已经黑得伸手不见五指了。公路上偶尔有一两辆车通过,行人寥寥无几,我加快了速度。

穿过华灯辉煌的新市区以后,在一路有灯的公路上就骑得轻松一些。终于在夜里12点整我回到了家。家人正焦急地等待着我,看我回来,悬着的心才放下来。

照片冲洗出来后,张张彩照都很精彩、优美,岩画上金色的光晕显得越发妖娆妩媚生动感人,质感、光线都达到了一个新的高度。证明这个相机的识读能力、感光能力比较强,比我手上的那台日本傻瓜相机强多了。

想到了拍照法

客观地讲,同贺兰县政协合作搞得那批资料,是我近10年来得到的最完整、最准确的贺兰县岩画资料,这次调查下得工夫大,临摹得格外认真。但是这批资料全部是塑料薄膜临摹的,数量可观,大小不一,要整起来很不容易,最要命的是人多手杂,忙乱中不知什么时候在什么地方把原始记录丢失了。无疑这批资料成了一堆乱麻。

就这样贺兰口岩画资料仍然是我的一块心病。为了走捷径，我想到了"照相法"。这种方法简单易行，即用相机把岩画拍摄下来，冲洗胶卷后把照片适当放大或缩小，然后在照片上进行描摹。这种方法比"盖氏法"省工省时省力，也容易操作，有台好相机我个人就可以完成。我又一次获得了灵感和动力，跃跃欲试准备再试一试。

有了新装备新相机，1989 年的春夏之交，我准备了 10 个黑白胶卷，决心大干一场。

一大早我乘公共汽车到新市区，然后转乘贺兰山磷矿公共车到苏峪口，下车再走 5 公里路来到了贺兰口，吃住在当时金山乡金山村村长范金林父母家。

还是老一套，我仍沿着沟的南侧开始，按照原来的分区、地点进行分组拍照。由于相机的分辨率高，在清晰度、反差方面可以达到较满意的效果，为后期的线图制作提供了便利条件。总之，这一次只许成功不许失败。有时为了拍好一个镜头，保证岩画照片质量，我不惜时间，一定要等到最佳时机、最佳光线角度、最佳天气进行拍照。为了力求做到岩画画面准确、不变形，我尽量使相机与画面保持在同一水平面上，让岩画不变形、不走样。

在这里登山是锻炼身体的最好方法，每天早上我匆匆洗漱过后便急不可耐地爬上对面

贺兰口·人面像岩画

神灵具有双重性，一是自身就是能控制一切的神灵，可以镇妖降魔并征服、影响、支配、利用自然力；另一个是利用它们去安抚和献媚、讨好别的神灵。总之都是人们崇拜信仰的对象，是人们顶礼膜拜和祭祀的对象。

大麦地·放牧图岩画

贺兰口·羊与符号岩画

图腾(Totem)源于北美印第安人鄂吉布瓦人的方言,意为"他的亲属"。原始人相信,每个氏族与某种动物或植物有着亲属和其他特殊关系,而且每个民族都借以图腾物作为标志相互区别。这种图腾就是该氏族的祖先、保护神,也是该氏族的徽号、标志和象征。

的小山头上,坐在向阳的石头上,面对大好河山,看不够山光水色。大自然的变幻、温暖、宁静,使我感到是一种难得的享受。

贺兰山的初夏,满山遍野一片翠绿,到处升腾着薄纱一般的雾气,橘红色的阳光似梦似幻。山脚下的果园开始挂果了,绿油油的一片片一丛丛。家家的炊烟袅袅,羊群骚动,一派生机盎然。

坐在山头,面对云山苍苍,河水泱泱,上下天光,一碧万顷的美境,我可以静心地领悟人生真谛。人生要追求些什么,要达到一种什么样的境界,人与人的认识和感受是不一样的。有的人把醉生梦死看成是一种享受,有的人追逐权力,把颐指气使看成是一种荣耀;更有人把金钱和藏娇看成至高追求……但更多芸芸众生日出而作,日落而息,自得自乐,安然度日。我喜欢王羲之那种雅兴,"天朗气清,惠风和畅,仰观宇宙之大,俯察品类之盛,所以游目骋怀,足以极视听之娱,信可乐也";更赞美范仲淹那种"不以物喜,不以己悲。居庙堂之高,则忧其民,处江湖之远,则忧其君。是进亦忧,退亦忧,然则何时而乐也?其必曰'先天下之忧而忧,后天下之乐而乐'欤?"此时此刻我远在山间,照样壮怀激烈,豪情昂扬。

面对大河上下,面对古老的岩画,我往往思绪万千,忘记了时间。

忽听"老李,吃饭了"的声音在满山回响激荡,打断了遐想。

一双穿了 10 天的布鞋

此时贺兰山护林员是小苏，个子高高的，人挺机灵，他喜欢美术，所以对岩画比较感兴趣。他之前的护林员已经换过几茬了。小苏几乎每天都过来帮助我拍照岩画，他手提一只桶，凡是不太清楚的岩画他都先用水冲一冲，上面没有土了我再拍照，这样可以保证照片的质量。

一天下午我到北侧太阳神附近拍照，为了少走弯路，我从一块巨石向另一巨石跳跃时，由于冲力太大，一手护相机，山石撞到了腰间，震得五脏六腑上下翻动，立时腰疼得直不起来，几乎滚下山石。我急忙用手扶着石头慢慢坐在石台上，老半天才缓过气来。后悔这一跳，让我从此落下了腰疼的毛病，甚至站的时间长一些也会引发腰疼。

临上山时，为了轻松自如地工作我穿了一双轻便塑料软底布鞋，穿上轻快、舒服，十分便利。平时这一双鞋可以穿半年，谁料到山上它却那么不耐磨。也许每天爬上爬下，蹲下起来，在石头上磨蹭太多，不到 10 天就张开了口。临回家那天我想只要能坚持到苏峪口就行了，那儿有供销社买双新鞋穿上回家。在这里向别人借鞋穿一则难于启口，二则也没有合适的，能将就就将就吧，何必给别人添那个麻烦。

有时人爱面子就会自找苦受。这一次我受

贺兰口·符号岩画

在贺兰山岩画中，有许多有羊角的图案，许多人面中的图案也都突出了羊角形，让人联想到羊图腾崇拜。

羌族是我国历史悠久的民族，《说文》释羌"西方牧羊人也，从人从羊，羊亦声"，提示了羌族与羊的关系。

砂石梁·动物岩画

贺兰口·鹿岩画

在贺兰口岩画中这种由羊的形体变化为羊字形或羊角式符号,与甲骨文的形成几乎如出一辙。据专家收集,甲骨文羊字多达几十个。

早在商代,羊就被视为吉兽,故美善二字从羊,"羊人为美"的观点认为人头上戴着羊头是一种至高无上的美;有的人则认为"羊大为美",视羊肥大为一种美,尽管各有其理,但总是美与羊有关,羊不仅仅是吉祥物,与人们的审美情趣有关,更重要的是与图腾信仰与族属有关。

到了爱面子的惩罚。没出村多远,两只鞋渐渐开始脱帮,山路哪能和马路比,遍地大小不等的石子,又坑坑洼洼,脚踩上去来来回回搓,就加速了鞋的裂口。我坐在路边的石头上发愁,返回去吧,已经走了这么远,似乎有些不合算;往前走吧,苏峪口就像是在天边一样遥远。千里之行,始于足下,这足下却是不堪一击的破烂鞋!开始,我用细绳把脚和鞋捆在一起,还能坚持,到后来鞋帮半边几乎全脱了,我只得把背包里的手帕、毛巾、拓岩画的拓布都翻出来,能裹在脚上的都裹到脚上了,然后一捆,活像两个大棉球。又在路边的小树上折了一根棍子慢慢拄着走。这一次我的脚可受罪了,简直不敢想象,那个狼狈样不比要饭的强多少。

从中午走到下午,我就像小脚女人,一小步一小步挪到苏峪口。5公里山路就这样一点点挪到了终点。

到了苏峪口,我到供销社买了一双新布鞋。售货员看着我的那副可笑装束也不由笑了起来。

拿到鞋,我就坐在供销社门前的泉水边,解下那一双破烂鞋,把脚伸进了温柔的泉水,把脚解放了。缓过劲来,我把那双烂鞋放在水面上,任它漂走,漂过树林,漂过小道,漂过果园的矮墙,漂走了。寂寞中,我想起了诗人汪国真的一句名诗:"没有比脚更长的路,没有比人更高的山。"

换上鞋,我又踏上了新的征程。

第三章

踏遍青山

作者在大麦地考察岩画（2003 年）

人面像岩画联想

　　人面像岩画的基本形态是面部除了五官之外装饰图案的面具化或脸谱化，造型奇特怪诞，表现了神密莫测又清朗婉约的气质，给人以典雅庄重或威风凛凛之感，体现了神、巫、人为一体的意识形态，成为智慧和力量的化身，接受人们的顶礼膜拜，反映了古代原始部落独特的社会意识和宗教观念。

　　在丰富多彩环太平洋地区的人面像岩画中，我们不难找到他们之间的联系，其中有的人面像如出一辙，令人叹为观之。贺兰山人面像岩画尤为突出，同我国或环太平洋地区人面像比较，不仅制作岩画的载体都是岩石，而且制作方法相同，均为磨制、凿刻为主，并且岩画风格相近，粗犷、浑重、凝重、热烈，证明他们之间社会意识的相似相近。

　　人面像岩画的相似性，早在 20 世纪就已引起了岩画学家和考古学家的关注，但由于地域广阔并涉及众多的民族以及文化交流的困顿，使这一研究进展长期缓不济急。今后有待加强交流沟通。

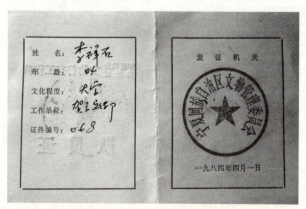

作者 1984 年的文物工作普查证

找到了一个好帮手

在经历了种种磨难和考验之后，迎来了1990年金色的秋天。多年的经验告诉我，搞岩画光杆独户可以小打小闹，但成不了大气候。要想真正有一番作为必须走合作的道路，盖山林的成功是例外，但他仍然有女儿和儿子的帮助。我不行，一个人上山别的不说，山崖上的岩画资料就没法取回来，刮风也得有个人给压住描图纸，总之不走合作的道路只能是走进死胡同。而要找一个称心如意的伙伴并不容易，左思右想觉得银川市文物管理所刘敬村所长是个实在的人，他懂文物考古，又是学美术的，是位难得的人才。

"这样吧，我们新分配来一名大学生叫朱存世，他可以跟你去，你看怎么样？"因为种种原因，刘所长走不了，向我推荐了小朱。

小朱中等个，戴着近视眼镜，笑眯眯的，他是吉林大学考古系毕业的，老家在甘肃庄浪。他的到来应该说是上苍给我送来的使者。有了他我如虎添翼，相得益彰。

这一次调查，我采取先近后远，先易后难的办法，突破口选择在大西峰沟。

我们住在马场西侧的大羊圈，有一盘大炕，睡上十个八个人不成问题。

放下东西，弟弟开车走了，我们就抓紧时

法国·尼奥大洞窟野牛岩画

世界各大洲都有古代岩画。岩画组成了世界艺术史的最早篇章，它绘声绘色地刻在洞穴或露天的岩石上，历经奥瑞纳、梭鲁特、马格德林时期，时间几乎跨越4万年之久。这些形象和符号是人类有文字之前，文化和智能的主要记录，它们提示了史前人类的经济生活、社会活动、宗教信仰、欲望和野心、恐惧和企求以及美学观念和创造性的表现。

大西峰沟·老虎岩画

岩画的创作是世界性的现象,包括了一百五十多个国家,从用石头和矛头武装起来的原始人,到使用弓箭的游猎人,到游牧人和农业生产者,以至金属的使用者,一直到文字文明的出现,岩画以形象的洞察力展示着人类历史各个时期的面貌。

大西峰沟·老虎岩画

间去取岩画资料,先到大老虎处把群虎图一一描摹下来。

这一带岩画的老虎形象生动逼真,个头也大,显得十分威武,是一批难得的艺术珍品。而且这里的老虎形象都不是单一的形象,似在扑食,血盆大口,尖牙利齿,制作精细。在老虎岩画附近的野合图岩画也是不多见的题材和形象。时至今日这幅图仍没有一个令人信服的解释,由此可见,岩画中有许多许多奥秘和难题还在等待着人们去解释和解读。

最让我发怵的是去东沟门子,这一段路约摸有十多里路,全是上坡路,一路小石子,脚踩到上面来回搓。有一次走去走回来后脚跟就像发酵的面包一样,又肿又疼。如果骑毛驴也得防着驴蹄子打滑不小心摔下来。转过山坳到了有树的地方,就不由兴奋起来,这里面南山崖上东边有一面山石上有好几只大老虎,个个栩栩如生,充满活力,威风凛凛。西边是两组牧马图,群马奔腾,气势不凡。来这里虽然辛苦,但为了看精彩的岩画也还值得,所以只要看大西峰沟岩画总少不了到东沟门子转一圈。

我们描摹了岩画后,为了实践诺言又拓了几张岩画。这里地势恰似一个喇叭口,风不住地往里吹,刚把纸贴上去呼的一阵就吹走了,连着几次都没有成功,最后不得已只好脱下衣服挡风,总算拓了两张较满意的才收了工。

离开大西峰沟那天早上,我们在羊圈门前的干柴堆上怎么也找不出一根合适的扁担,挑来捡去我的那根扁担偏偏中间突出一个树节，挑在肩上很不舒服。小朱年轻，挑着挂面、大米、蜂窝煤；我挑着资料、背包、照相机等杂物。

　　小西峰沟岩画点我来过许多次了，但每一次来似乎都有新的认识，总是有看不够的感觉。我总认为这里是贺兰山岩画的一个荟萃之处、藏宝之地，尤其是那幅游牧风情图透出的信息量很大，表现了广阔的游牧生活的许多内容，是不可多得的艺术珍品；另外还有群牧图、动物图以及人物跪拜图都很有特色。这里岩画人物的造型与头饰同甘肃嘉峪关黑山地区岩画中的人物十分相似，很有可能是月氏人的

西班牙·拉文特采蜜岩画

小西峰沟·狩猎岩画

　　世界性岩画研究的任务在于综合和比较，它有助于解决在世界范围内岩画的艺术风格和样式的来源、扩散和分布，以及早期各地区文化之间的关系和异同。

20世纪60年代以前,岩画研究处于自发的个人研究状态。1963年8月,21名学者在意大利的凡尔卡莫尼卡集会,建立了"卡莫诺史前研究中心"(CCSP),这是世界上第一个专门研究世界各地岩画的科研组织,致力于组织国际性的岩画专家会议。自1968年起,几乎每年举办一次国际性岩画研讨会和座谈会。

岩画研究始于欧洲,后来美洲、非洲、澳洲等地的许多国家纷纷成立专业组织。1980年10月国际岩画委员会成立,1987年在意大利召开的国际岩画委员会年会上,中央民族大学陈兆复教授当选为亚洲唯一的执行委员,标志着中国岩画研究在国际岩画组织中有了一席之地。

作品。

我们迎着朝阳向白虎沟前进了,每走到有酸枣树的地方都要停下来边休息边打一些酸枣。摇摇晃晃走到了白虎沟金山林场羊圈。

白虎沟岩画过去我曾数次来找过,但总没找到,我就纳闷,是自己走的方向不对呢,还是找得不仔细呢?我让小朱守摊,我独自又出去探查。

不觉我又来到了白虎沟关隘。高耸的烽燧仍然高傲地扬着它那不屈服的头颅,在烽燧的下方便是关隘。这座关隘修筑在山沟两侧陡立的山基上,把整个大沟拦腰斩断,墙体高3米,基宽3米,长约100米,全部由石块砌筑而成,远远望去恰似一道拦河大坝,显得十分雄伟壮观气势非凡。更好似大山中雨后的彩虹,五彩缤纷绚丽耀眼。在贺兰山众多的关隘中保存这么好的并不多见。在我们调查贺兰山岩画时一

作者在长城烽火台前(1993年4月)

路没离开过长城、烽燧、关隘，沿途看到逶迤连绵、气势磅礴的长城和高耸挺立的烽燧，不由自主地停下来欣赏一番，它们总能给我们一点启示一点力量。总觉得我们吃的这点苦比起修长城来就渺小得很了，也算不得什么苦了。

这一次，我又绕着白虎沟两侧山石转了一大圈子，还是没有找到岩画。回到羊圈，喝着水，看着渐渐西落的太阳，一股莫名的惆怅袭上心头。

数年过去了，羊倌换了一茬又一茬，都是陌生的面孔。我问他们知不知道这儿有没有刻在山石上的画，出人意料地他们都知道，不过不在这儿，在东边的山头上。并告诉我，过一会来辆拉水车，你问司机就知道了。

不到吸一支香烟的工夫，果然来了辆拉水车，小拖拉机车厢里放着一个大水罐。司机年轻和气，向他打听岩画时，他说等他装满水让我们坐他的车，到地方再告诉我。我们坐上他的车，刚转过山脚，拖拉机停了下来，小伙子指

我国岩画的分布，东起大海之滨，西达昆仑山口，北至大兴安岭，南到左江沿岸，大都发现在边疆地区，属古代少数民族的作品。据目前的资料，最早的约可推断到4万年前。

西班牙·拉文特狩猎岩画

法国·三兄弟洞窟巫师岩画

近代岩画的发现与研究起源于17世纪的欧洲。1627年挪威教师阿尔弗逊在瑞典的波哈斯浪发现了岩画,但并未引起人们的重视。直到19世纪,欧洲许多震惊世界的洞窟岩画相继被发现,才唤醒了人们的文化意识,启蒙了人们对远古文化的热爱和探索。从此,岩画堂而皇之地进入了文化艺术的殿堂。

贺兰口·人面像岩画

了指高处的山头说,就在那儿。

夕阳照耀着山下的村庄、田野,一片金光。在阳光的余晖下,我们看到了难求的白虎沟岩画,这里是面东的山头,在向阳一侧分布有3组岩画,第一组是马群。第二组大得出奇,由狩猎、马、狗组成,画面长6米,高2米,猎人又高又大,这是不多见到的。第三组由人骑马组成。

我们趁着夕阳的余晖,赶在了时间的前头,终于在天黑的最后一刻取回来了岩画的资料。

从白虎沟到插旗口还有5公里路,我们挑的担子不轻,我的那根扁担的木节,直往肉里扣,我只得从左肩换到右肩,从右肩换到左肩,但怎么换肩也是疼得难以忍受。只好把擦脸用的毛巾、多余的衣服都垫上才觉得好一点。山路不平,夜里更难走,磕磕碰碰,艰难跋涉。夜幕越来越浓了,路更看不清了,只有凭感觉走了。过去这条道没少走过,但都是骑着驴,根本不用操心,也走过夜路,再黑的夜,驴也会把我们驮回去。想到这里,那真是让人羡慕的事情啊,这就好像发生在昨天一样。可眼下的罪还得受,还得挺着。我们的情绪都很低,谁也不愿说话,走走歇歇,累得直喘大气。

我们终于赶到了代胜利的家,已经是晚上9点多钟了。从早上8点出发,我们至少走了13个钟头。

满载而归

贺兰口，这是一方神奇的土地。我每来到这里，总有一种新的感受，仿佛心灵受到了一次洗礼和净化。在这大山里，在清静的自然中，在空旷高远雄伟的山谷间，在无尽头的岩画事业中我找到了自己的伊甸园和位置。在这个艺术的世界里，没有尘世的浮躁，没有世俗的干扰，没有权力和名利之争，更没有灯红酒绿花花世界的尔虞我诈。这里是一片纯净的世界，一片阳光灿烂的世界，是原始拓荒者的乐园。

为了使岩画资料具有系统性和连贯性，这一次我们采取了重打锣鼓另开张的办法，同以前岩画资料脱钩，决计以全新的资料，准确的形象向世人展示贺兰口岩画的风采。工作量不难想象是很大的，体力消耗也多，但我们坚持着，每天早出晚归，有时中午也不收工。由范金林给我们送饭，我们就在岩画旁吃中午饭，然后再接着干，直到天黑了才收工。高处的岩画我们借来梯子爬上去取资料，不偷懒，不图省事，一定要用一流的工作取得一流的资料。我们坚信只要认真去干就没有干不好的。

这次我们出来带了一整卷硫酸纸，经过大西峰沟、小西峰沟、白虎沟、插旗口以及贺兰口的奋战，全部用光了，用去数十米硫酸纸。成绩是可想而知的。

我国是世界上最早发现并记录岩画的国家。公元5世纪时，郦道元在《水经注》中记述了画石山、石迹阜等地的大量岩画。我国近代岩画的研究始于1915年8月黄仲琴教授对福建华安太溪仙字潭石刻的调查，创中国近代岩画调查之始。

法国·拉斯科洞窟鹿群岩画

20世纪20年代"中瑞西北科学考察团"在新疆哈密附近博克达山和内蒙古阴山西段狼山脚下发现了岩画,数量仅几幅。30年代和40年代在广西桂平和四川川南也有岩画发现。自50年代以来,中国的学者们做了大量的调查研究工作。近年来,越来越引起人们的注意,使世界刮目相看。

大麦地·兔子岩画

对麦汝井附近化石点的研究,结合黑山子及附近岩画的对比、鉴别、分析研究,再结合丽石黄衣的断代分析,以及贺兰口冰川擦痕打破岩画关系研究,将会促进贺兰山早期史前岩画的断代研究,形成多种优势和合力,无疑会大大促进宁夏岩画的研究进展。如此多种有利因素的研究条件,实在不多见到。

这一次贺兰口之行,是我整理贺兰口岩画以来最满意的一次,也是最成功的一次,我们囊括了所有的贺兰口岩画,再加上我早先收集的西夏文题记,使贺兰口岩画更充实更完美。终于在贺兰口山崖上画上了一个圆满的句号。

我们满载而归了,在金色的秋天,在丰收的季节。

回来后,我经宁夏画报社记者胡宪国介绍,结识了画报社搞暗房工作的王瑞耕先生。王先生是我见到的搞暗房工作最出色的师傅,他为人和蔼,工作认真,技艺精湛,讲求效率,慷慨大方。只要我把相纸、药品送去,他就有多少冲多少,要洗多大照片就洗多大照片,不讲价钱,不讲条件。可以毫不夸张地讲,几乎我手头的所有岩画资料都是经过他的双手呈现给世人的。

从此,我拥有了贺兰口岩画线图,这些完美准确的岩画线图,成了我的骄傲与心爱之物。

被大麦地征服了

早在1983年11月盖山林先生就写信告诉我,他在内蒙古阿左旗调查岩画时有牧民告诉他,中卫与内蒙接壤处有岩画,但具体地点他也没有讲清楚。我那时也没有条件去调查,只能等待时机。

到了 1986 年，听说宁夏地质局勘测队在中卫照壁山一带发现了大量岩画，而我那时正忙于《中国文物地图集·宁夏回族自治区分册》的编写工作，一时无暇顾及岩画的调查和研究。《地图集》是国家文物局根据"七五""八五"全国文博事业发展规划编制的一部大型文物工具书，为了完成《地图集》，我只能忍痛割爱暂时放一放岩画的事。但是，我只要一想到岩画，就会不由陷入难以割舍的挂念之中。终于在弟弟的帮助下，1989 年 4 月 10 日我第一次踏上了远征中卫照壁山的行程。

大麦地·放牧岩画

照壁山是一座铁矿山，在群山之中如鹤立鸡群，老远就可以看到它粉红色的尊容。我站在山头上向四周望去，只见一座座山峰连绵不断，山峰被黄沙围了起来，骆驼草随风摇曳，天苍苍，野茫茫。岩画啊，你藏在哪儿？由不住我心里发急。我知道这次中卫之行来之不易，除了弟弟肯费这么大的工夫帮我，还有谁愿意讨这份苦吃？再说，这一次我们甚至连锅碗瓢盆都带来了，就是破釜沉舟，也要找到照壁山岩画。

大麦地·人与动物岩画

从照壁山上下来，我们问放羊的老汉附近可有人家，他说北边有。于是我们又向北边驶去。一路上只要见到大一些的山，车就停下来我和祥岗分头爬上两侧的山峰去找岩画，就这样跑跑停停爬上爬下地找岩画，一直跑到一处有蒙古包的地方，从蒙古包里出来两个青年，一打听才知到了内蒙古地界。我们只得调过

大麦地·狩猎岩画

大麦地岩画由于长时期的风化，造成岩画表面严重剥落，致使岩画画面斑驳，无法辨认造像的原来面目。同时也使我们体察到大麦地岩画经历了漫长的岁月和历史的沧桑。

头，再一次回到照壁山。

我们取出了《宁夏地图册》看了看，沿着任国柱指引的方向顺着羊肠小道，我们向西驶去。来到了一座山下的水井旁，恰巧有一位牧羊人在给羊饮水。我们就问他知道不知道这一带山石上有羊呀马呀人呀的画画子。

"就是石头上刻的那些画画子，我见过，可多了。"听他这么一说，我们不由得兴奋起来。"就在大麦地，离这里不远。"

牧羊人让儿子看着羊，带着我们拐向南侧的大麦地。

这一带的山势大致为东西走向，车沿着山沟跑了约10分钟，停在了一座较大的山头旁。他指了指高低错落又发微红色的面南山石说："就在这儿。"

我提着相机，迈着大步，一口气冲上了山头，哇，到处都是岩画，岩画！我摸着岩画不由心潮起伏，我终于找到你了！

放眼望去，一道道山梁耸立，山不太高，但雄伟壮观。这里属于荒漠丘陵区，除了长着稀拉的骆驼草和山沟里的小丛酸枣刺、芨芨草外，几乎没有什么绿色的生命了。如此荒凉之地却开出了令人想象不到的艳丽的岩画之花，真是奇迹。

这里的岩画制作精彩，有很复杂的狩猎图、放牧图，也有动感强烈的动物图形和人物形象，还有舞姿优美的舞人，也有含意深奥的蹄印等，这些岩画如热烈的火焰，如奔放的瀑

布,使荒山野岭戈壁沙漠有了生命力有了青春的气息。

在这里,我忘记了劳累,也忘记了时间。

太阳西落了,霞光也消失了,我们如梦方醒,今晚在何处过夜呢?连忙收拾工具,开上车向水井方向奔去。水井旁早已羊去场空,四周静悄悄的,就好像这里从来没有来过人一样。偶尔有一股风呜咽地叫着刮过去了,夜幕慢慢地合拢了,四野一片漆黑,除了天上的星星,没有任何亮光。

祥岗说他送那位牧羊人时,在水井旁见到一位蒙古族老大娘,就住在附近,我们不妨沿着路再找找吧。照壁山西边的地形十分复杂,山丘相连,黄沙遍地,有沟有坎,白天都很少见到人家,夜晚更如同大海捞针了。荒野的夜显得格外冷落、高远,万籁俱寂,风是大地唯一的呼吸声。无处可去,只好又回到水井旁。拿出锅和木柴来,在山坡的土台边挖了一个炉灶,把在照壁山买来的野鸽子收拾干净放在锅里煮。稀里糊涂就着馒头吃完了这顿野餐,已是 11 点了。我睡在后排座位上,弟弟睡在前排,说着话,不知不觉就进入了梦乡……

第二天早上,我们

贺兰口北侧有一幅岩画,一人两手叉腰,身佩长剑,一副威武不屈英勇善战的风姿,表现了西夏立国之时意气风发的精神面貌和"质直而尚义"的朴素风格。在岩画旁的西夏文题记"正法能昌盛",就是要弘扬"忠实为先,战斗为务"的大法,以振国威,以扬民气,走富国强兵之道。可以说,这方题记为这幅人面像做了最贴切的注释。除了西夏题记外,还有西夏佛字约 10 个,苍劲有力,饱满流畅,具有书法价值。

作者弟弟李祥岗在中卫香山考察岩画(1993 年 10 月)

大麦·地狩猎岩画

黄河之东的牛首山由早古生代碎屑岩、碳酸盐岩构成，海拔1750米。养育了中华文明的黄河从牛首山西麓流过，隔河与贺兰山遥遥相望，这里是黄土丘陵区，山地阳坡由于土层瘠薄岩石裸露而便于制作岩画，与卫宁北山隔河相对的中卫香山，主峰海拔2356米，由晚古生代碎屑岩组成，适于作画，组成了蔚为壮观的香山艺术画廊。

沿着土路，终于找到了赛音吉大娘的家。

赛音吉大娘家住在东西向一道山梁的南侧山湾里，避风向阳，是理想的居住之地。她有四间平房，东侧是灶房，有一盘小炕，雇来的牧羊人就住在这里；西头一间是贮藏室，放着饲料、羊皮、羊毛等杂物；中间两间为居室，靠西有通间大炕，北墙正中是她烧香敬佛的供桌，墙壁上贴满了蒙文报纸和那个年代流行的女明星头像。这种布置不仅不显得俗气，而且给人一种时代感和活跃的气氛。

大娘有200多只羊，雇着一个中卫来的年轻牧羊人，日子过得平和安然。

放下行李等杂物，在赛音吉大娘的指引下，我们由西侧苦井沟进入大麦地，她老人家坐在车里看车，我和祥岗一架山挨一架山地考察岩画。对每一道山梁的岩画都一一进行编号、登记、拍照。

在大麦地调查中发现这里岩画有2000幅左右。

我被大麦地的岩画折服了。

综观大麦地，它属于卫宁北山的一部分，地质属于晚古生代碎屑岩组成的东西向紧密线形褶皱构成，海拔1400~1600米，最高峰土窑1987米，相对高差在200~350米。由于地质上的特殊构造，站在大麦地南侧的铁矿山向北远眺大麦地，就如同大海涌来的波涛一般，层层叠叠，高低起伏，十分壮观；又似被矗立在天地间的铁犁在大地上翻起的一道道土梁，播下了希望的种子。这些大自然的沧海桑田的变化大致形成于距今 3 亿年左右的古生代石炭纪和二叠纪之间。大麦地北山长 50 公里，南北宽 20~30 公里，山坡平缓，基岩裸露，岩屑发育。因此，许多岩石层面与节理面成为古代游牧先民制作岩画的理想画板和"纸张"。

大麦地·狩猎岩画

这里处于腾格里沙漠边缘，山坡和沟谷多被沙漠覆盖，显得荒凉冷落。

在大麦地一带我们先后考察了大麦地中区及中豁洛沟，面积约 18 平方公里，七沟八梁共有岩画 2000 幅左右，岩画密度相当高，是北山岩画的荟萃之地，有许多传世之作。大麦地西侧为苦井沟，沟的两侧尤其是向阳一侧有许多岩画，以太阳及拜日图、人面像、狩猎图为代表。

由于气候变化及人类滥伐林木和烧荒开垦，促使了干旱和沙漠化进程，乐园变成了荒原，人们只得背井离乡，留下的只有岩画在诉说着往昔的繁荣和欢乐了。

2003 年底，作者专程到大麦地看望了大娘，留下了这张难忘的合影

大麦地·放牧岩画

大麦地·老虎岩画

在大麦地南侧有一深沟，叫钻洞子沟，沟深谷邃，两岸如刀削一般，令人望而生畏。在沟的北侧发现有岩画，多为神灵和人面像，实际上人面像就是神灵，每当发洪水时，洪水咆哮地动山摇，似神灵在发作一般。这些不可征服的神灵就是自然力拟人化的反映，此地也就成了神灵的驻地。当然也就成了人们祈求神灵的祭祀之地了。

在大麦地的东侧为黄石坡，我在欣赏一处老虎岩画时，忽听祥岗在喊，说他发现了外星人形象和降落伞岩画。我立即过去，一看确实有那么点意思。不过，这种岩画全看你怎么解释了，从探索宇宙的角度说似乎是人从天而降；如果从游牧人的生活场景讲，则是复合型构图，有人物、动物和蹄印，仍然是一幅上乘之作。要破译这幅岩画的含意仍然是件难上加难的事。

在大麦地我们紧张地考察了 3 天，带去的

大麦地·动物岩画

10个胶卷全拍完了。在回来的路上我们见山就爬，走走停停，又发现了个别零星岩画。

这一次大麦地的探险和考察为后来的岩画调查打下了基础。我渴望早一天重返大麦地。

麦汝井·放牧岩画

大麦地岩画的秘密

说起大麦地岩画的发现和研究，真的还有秘密要说。1984年文物普查时没有发现大麦地岩画，到1986年，宁夏地质局一位工程师到中卫照壁山调查矿产时发现了岩画，他给自治区博物馆写了封信并寄了几张岩画照片。那时文化厅刚开过贺兰山岩画调查研究会议，决定由自治区文管会(以我为代表)和考古所联合进行贺兰山岩画调查、研究。

就在这次会议开过不久，突然传来照壁山发现了岩画的消息，是自治区博物馆钟侃馆长和叶勃副厅长告诉我的，我忙于《地图集》暂时脱不开身。话又说回来，我又沾了《地图集》的光，跑遍了宁夏岩画点。考古所卫忠又是打电话又是找人，结果这位工程师调回河南了，没办法卫忠在照壁山转悠了几天才找到了岩画，他起的名称叫苦井沟岩画。从1:10万比例的地图上查，这儿就叫苦井沟，所以叫苦井沟岩画也对。但考古所对岩画点守口如瓶，谁也不说。我自然很关心这件事，知道了就想去看，这

大麦地，这里山脉相连，又有开阔的草原，形成了优越的天然牧场。独特的地理环境和丰富的人文资源孕育和滋润这方土地，产生和创造了无尽的岩画艺术。这里是一个岩画的长廊，是一个岩画的宝库。

大麦地·岩画车与动物

大麦地一带十分荒凉。过去人们笼统称它为贺兰山南部，这里最早的岩画属于细石器文化时期。距此不远就是长流水细石器文化遗址，分布在丘岗上，面积约 6 万平方米，文化堆积 0.3 米，并发现有斧、锛等石器及大量红色陶片。

大麦地·射猎岩画

大麦地·动物岩画

是本能也是爱好更是职责。到底在什么地方，有多远，有些什么内容，有多少岩画并不知道。

有一天考古所司机任国柱到文化厅办事，我赶紧拿出宁夏地图请他给我指一指。任国柱年轻、性格开朗，平时见面总寒暄一番。他说考古所有规定谁也不许说，再说那地方太偏，尽是大山大沟，就是说了你也找不到。我说，我也不为难你，你就给我指一指大概地点也成。他看我实心实意求他，过意不去就指了指照壁山的西边说，就在这一片。我的那本地图为 1:55 万比例，是最普通的地图，那儿什么也没有，全是沙漠地带，紧挨着内蒙古边边。但有了这点可怜的信息也就足够了。

心有灵犀一点通。后来我同弟弟祥岗开着吉普车，带着行李、干柴、大米、铝锅去找岩画，运气好，同岩画有缘分，就是凭着那一点点信息，在当地放羊人的指引下找到了大麦地岩画。当地的蒙古族大娘、放羊的都叫大麦地，问缘由说当年这个地方种过大麦，所以叫大麦地。要我看，这里那能种大麦，荒山野岭黄沙遍地，可能当年不知谁丢下几粒麦子，赶上有雨水的好年份长出几棵大麦苗苗而已。不过，大麦地这个名字确实起得好，是一方岩画的沃土，代表了一个美好的理想和愿望，而且听起来很优美很浪漫。

我真心感谢任国柱的指点，使我赶上调查大麦地岩画的头班车，成为第一批来到大麦地的岩画工作者，这是幸运也是机缘。岩画调查研究说来也不复杂神秘,不外乎就是首先熟悉地理、地形、地貌,了解岩画区的环境,然后划分区段进行编组、编号、拍照、描摹、拓片、整资料、写研究报告等,谁来干也是这套程序。令人没有料到的是后来会发生一连串的事件,把大麦地搅得天地不安。很久以后有人提出大麦地岩画是他发现的,我们去就是抢了他的专利,摘了他的"果子"。他编造许多谎言说得神乎其神,其实,他真正知道并到大麦地已经是1989年的下半年了,中卫文管所李永祥亲口对我讲,因为中卫县与内蒙古划界他才于1989年下半年去的大麦地。李永祥问我,你知道大麦地岩画为什么不对我们说。我如实告诉他我不能把任国柱出卖了,我也只能保守秘密。我调查完大麦地之后,了解和掌握了大麦地的名称、方位、面积、数量和岩画内涵之后,他才急匆匆地开始调查,他的"专利"意识特强,他为了抢头功,加班加点让中卫文管所的一伙人拼命为他干活,然后拼凑了那本《中卫岩画》。在他的《中卫岩画》一书第二编中,有岩画黑白照片402张,其中拓片97张,下余305张。在305张照片中就有我用粉笔描摹和编号的大麦地岩画171张,占56%。白纸黑字铁证如山,为此我很开心也很骄傲,当初如果他从容一点,细心一点,把我写的粉笔字用水洗掉,历史不就改写了吗?然而,历史既不能篡改也不能编造,只能实事求是。人贵有自知之明,谦虚使人进步,骄傲使人落后,无知使人发狂。

大麦地·放牧岩画

大麦地·舞蹈岩画

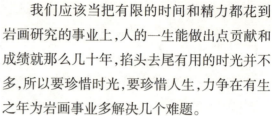

大麦地·花牛岩画

我们应该当把有限的时间和精力都花到岩画研究的事业上,人的一生能做出点贡献和成绩就那么几十年,掐头去尾有用的时光并不多,所以要珍惜时光,要珍惜人生,力争在有生之年为岩画事业多解决几个难题。

我们应当耐得住寂寞,也经得住名利的诱惑,远离浮躁,沉下心来,潜心钻研,创作出无愧于时代的文化精品奉献给祖国。

在大麦地

大麦地·动物岩画

秋高气爽,大雁南飞的时候,我和朱存世又一次来到了盼望已久的卫宁北山大麦地,来到了蒙古族大娘赛音吉的家。然后我们坐车来到大麦地岩画点,送下我们,弟弟就开车返回银川了。

大麦地岩画分布很有规律,岩画依照山的走向一道山为一个区域,既容易区别又不至于

壮观辽阔的大麦地

搞乱,为了搞准确,在临摹前先仔细观察岩画的内涵、关系,然后编号并测量数据,由小朱临摹,我记录,互有分工,又互相协作。如果有风我就帮他压住纸角,免得被风掀起和撕破。我们这对搭档,经过磨合,已经很默契了,甚至一个眼神也知道对方的意思。每天临摹 40~50幅,逐一记录、编号、核实后归档,做到前后有条不紊,便于整理。

大麦地·人面与动物岩画

大麦地岩画点距赛音吉大娘家西侧约有 10 里路,东侧远一些,约有 15 里。我们看着太阳快要落山了,就急忙收拾东西,抄近路往回返。谁知抄近路也并不近,翻过一道山梁又一道山梁,总是翻不完的小山梁,走着走着天渐渐由暗变黑了,只能凭感觉走,向西北方向走。

也许这天我们奔波了大半天,又在大麦地连续干了几个钟头的缘故,实在走不动了,好似怎么也走不出数不尽的山沟山梁,如同走进了死胡同

大麦地·巨牛岩画

一般。脚下的沙子直往下陷人,仿佛进入了茫茫的腾格里沙漠。

小朱终于沉不住气了,说:"李老师,走得对不对?"我抬头看了看低垂的北斗星和北极星,"没问题!"我坚信不会错。尽管我们手提着资料,肩背着背包仍然加快了速度。我也纳闷,要说走捷径要近得多,怎么就连连遇上爬不完

大麦地·拜天岩画

大麦地·动物岩画

　　大麦地沟壑纵横、山势险峻,大自然的变迁和岁月沧桑,使许多地段地槽深陷,山体支离破碎,偏偏这些险要的地方却出现岩画,虽然不多,但意义重大。

的山和走不完的沙地?

　　当我们筋疲力尽地翻过最后一道山梁时,终于看到了远方山坳里红豆大小的灯光在召唤着我们,那儿是温暖的大娘家啊!离大娘家还很远的地方就可以听到狗的叫声了,大娘怕我们迷路,站在高处打开手电筒来回晃动为我们指引方向。

　　可能她老人家总结了上次我和祥岗来时,终因没有亮光而夜宿荒漠的教训,特意为我们指路。见到我们,大娘连说:"菩萨保佑,菩萨保佑,让你们回来了。"

　　第二天起床后,小朱到屋后小便,发现大娘有一辆架子车,他连忙叫我过去看看。车显得很陈旧,车厢的框子也不全,在车上放着一个补了一块一块补丁的胶皮水袋。我用脚蹬了蹬车轮胎,气还挺足。小朱问我能不能借上车去搞岩画,我说试试看吧。跟大娘一说借车,她很干脆,连说:"行行,今天就可以用。"立即帮助我们从车上卸下胶皮水袋。我帮大娘做饭,让小朱到大荒滩找毛驴去了。大娘有两头毛驴,一大一小相依为命,放出去吃草不会走多远,它们有固定的草场,吃饱了就卧在大坑里休息,每两天饮一次水,有时渴了会自动回来要水喝。

　　做梦也没想到有车坐了,不但可以节省许多时间,还可以减轻负担减少劳累节省体力。在大荒山里毛驴车是最好的交通工具,无论上山下沟,还是走沙漠,什么路都可以走,有了车无异给我们添了一双翅膀，天高任鸟飞，大地任我走，太方便了。

临行前大娘为我们准备好了水和饼子，又拿来了一大堆塑料桶，她说："你们回来时到井上把桶灌满。"我们拴好塑料桶之后，哼着小曲上路了。

大地一片金光，已失去光泽的草随风摇曳，略感寒意。有车坐毕竟神气多了，不必拖着沉重的双脚去征服荒原了，坐在毛驴车上，可以放眼远望，又可以说天道地。此时，眼中的一切都是那么可亲，大山像驯服的羔羊，沙漠像柔和的地毯，一切安静而祥和。

大麦地·巨牛岩画

在岩画点把毛驴车卸下后，用驴绊子把双蹄套上拴在车上。有时为了让驴吃到青草，干脆放开缰绳由它去找草吃。我们收集资料时间长了，想起毛驴来，一看不见了，吓得我们四处去找，偶尔有过要翻几架山才找回毛驴来的经历。不要以为毛驴四条腿前后都被羁绊起来跑不动了，它仍然可以向前挪动，虽然较慢，时间长了挪动的距离就很可观了。尤其是上坡，后腿一蹦，很快就可以从沟底跳跃到山脊。

在大麦地我们沿着山势，一道山一道山地收集资料，非常有规律，只要按编号整理就不会搞错。大致是每天早上八

大麦地·狩猎岩画

九点出发，干到中午吃几口饼子，喝些凉开水也就过去了。有时到了岩画多的地方往往午饭也忘记吃了，眼看太阳快要落山了，才急急忙忙收拾东西套车，饿了坐在车上嚼几口饼子，那滋味香着呢。

一路全是大山，我们沿着沟走，沟沟坎坎石头满地，车颠得厉害，我们边走边说着当天的收获，算着收获了多少幅，心里甜滋滋的。

当我们赶到水井旁的时候，已经是伸手不见五指了。

大山里走夜路万籁俱寂，天空闪烁着星光，偶尔可以听到几声鸟的鸣叫声，然后复归平静。小朱开怀地唱起了不知哪里学来的民间小调，有点凄苦，也有点哀怨，如泣如诉一般。在夜色里唱起来似乎更能打动人心，在人困马乏的时候也只有这种曲子才能赶跑瞌睡和阵阵袭来的寒意。唱够了，接着谈起未来我们要出一本贺兰山岩画专著的构想。一说起未来，我们劲头就足了，理想就像夜空里的一盏灯，照亮了前途也照亮了心头。日子过得平平淡淡，只见岩画资料天天增加。

调查一天，回到大娘家一般都在晚上9点多，卸下水桶，小朱烧火，我和面、擀面、切面，10点多才吃下这顿热乎乎的晚饭。由于工作量大，吃的缺少油水，体力有些不支，买只羊又买不起，馋得很了，我和小朱拿上手电筒到羊圈捉麻雀。晚上捉麻雀很容易，用手电筒照准，两只手前后一捂就抓到了，拔了毛，放到灶膛

大麦地·狩猎岩画

大麦地·祈水岩画

里烤一阵，撒上盐就是美味，不过，我吃了总感
到一股燎毛味太重，还发潮想吐。

平淡的日子

　　平淡的日子没有悲壮，却有着精神的富
有。我们有时把大娘墙上贴的旧报纸当新闻
看，偶尔用大娘的那台不敲不响的收音机听听
宁夏电台的声音，或者听听大娘讲述自己的
身世。

　　一天，我们在去苦井沟的路上，小朱忽然
有了新的发现。他从车上跳下来认真查看山沟
里的足迹。"李老师，你看这是高跟皮鞋的脚
印。"他指着一个和高跟一样的半圆形痕迹说。
我下车也仔细看起来，可不是嘛，几乎一模一
样，这就怪了，深山荒野哪来的女郎，还穿着高
跟鞋，怎么走路呀。除了妖精之外，这里不会有
摩登女郎来的。最后，我们终于通过几个足迹
的辨认解开了高跟皮鞋的秘密。谁也不会相信
这种天方夜谭，原来是驴蹄子留下的足迹。请
小姐和女士们不要见怪，确实如此。

　　这一下我可抓到小朱的辫子了，"你这个
家伙呀，恐怕是想娶媳妇了吧？"

　　"你冤枉人。"小朱辩解。

　　"你也不瞧瞧，脸黑得就像锅底一样，谁敢
找你。"

　　"你还说我呢，你照一照，你的脸晒得跟驴

大麦地·狩猎与动物岩画

贺兰山归德沟·人面与符号岩画

粪蛋一样了。"小朱反唇相讥。

我们谁也别说谁,这些天晒得和黑人差不多了。

大麦地群山起伏如大海的波涛一般。

一天中午,干完活我们坐在车上喝水嚼干饼子,向四处张望时,忽然发现在钻洞子沟东边很远的地方有黑色发亮的石块,好像在召唤着、指引着我们,虽然隐隐约约,但感到它总是在启发我们:来吧,快来吧!我终于下决心去侦察一番,让小朱赶着驴车站在高处看着我,如果有岩画我就打手势,因为喊叫他是难以听到的。

我踏着黄沙和骆驼草向东走去。来到跟前才发现这里山高坡陡,向阳一侧石面平整发亮,登上去一看,啊呀,真不少,我连忙站在山顶向小朱打手势叫他过来。他急急忙忙赶着毛驴向我走来。

这里狩猎岩画很精彩,有虎食羊的场面,有放牧的闲情逸致,还发现野合的岩画,都是很珍贵的稀罕岩画,可以说明人类文明的深层内涵。

在金色秋季将要结束的时候,我们终于把卫宁北山大麦地岩画资料全部临摹完了,在这里我们度过了平常而又不平凡的20天。吃过午饭,躺在温暖的沙地上我们感到

作者在收集岩画资料(1987年5月)

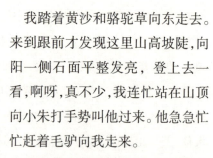

从没有过的惬意和轻松。该怎样庆祝这个值得纪念的日子呢？为了感谢先人的赐福和大山的厚待，我们应该举行一个简短而庄重的祭山仪式，以表示我们诚挚的谢意。

贺兰山归德沟·人面像岩画

　　祭山古来有之，过去帝王拜祭泰山为的是江山永固，国泰民安；平民百姓祭山为的是年年丰收，子孙兴旺；我们祭山则是怀念先人，感谢大山的赐予。当然，也并不仅仅如此，我们心情很复杂，有豪情满怀，也有酸楚悲哀，许多感慨和念头一齐涌过来。但无论如何此时此刻的祭山敬山是虔诚的，犹如宗教信徒一般，只有单纯和诚心。

　　我们选择了一块较高较平的山塬，拔掉了多余的骆驼草，在沙地上铺了一大张宣纸，把吃剩下的干饼子掰成小块放在纸上，把带来的

大麦地·猛兽岩画

109

大麦地·人骑岩画

大麦地·人骑岩画

水分别倒在小瓶子里和茶缸子里权当是水酒，也放在宣纸上。然后我们从背包里取出用红纸包装的两响炮。要说这两响炮可有来头了，过春节时把它漏放了，一直放在抽屉里，上山前在准备器具时发现了它，心想带上鞭炮上山有好处，万一遇上狼的话放上一炮也许会吓跑狼的，也就把炮包好放进了背包。没想到始终没遇到狼，竟成了祭山的礼炮。

站在大麦地神圣的土地上，我们虔诚地感谢皇天后土的恩赐，感谢先民的智慧，感谢大麦地的仁慈和养育，使我们终于完成了调查和临摹岩画的任务。我们向大麦地三鞠躬之后，双手捧着饼子抛向四周，然后把清凉的圣水撒向贫瘠又蕴藏着岩画的大地。最后由小朱点燃两响炮……

刚来到大麦地的时候总觉得有干不完的活，现在干完了，又觉得时间过得太快，又留恋这片热土了。这里是艺术的殿堂，这里有汲取不尽的文化营养和财富，实在让人难以割舍啊！

大麦地西边的石房子我们几乎天天可以看到，就是太远太高，毛驴车行动不方便就没有去。所谓石房子就是石头砌筑的几间羊圈。

有了祥岗的汽车，上去一看，石房子住着一家中卫县放羊的，房后面的山石上有20多组岩画，用了不到半天时间就描摹完了。从石房子下来，如果我们再往前走走,就会发现大通沟岩画区了,可惜我们仅仅看到了北侧平缓的山坡就误以为不会有岩画了,于是离众多的岩画仅差一步之遥而返回去了。

在金色的秋末,在灿烂的阳光下,我们告别了大娘,告别了大麦地,依依惜别的离情让我有些伤感,不知哪一天还能来到这片壮美的热土。

大麦地远远地留在了后方。尽管北山并不太高大,但在我心中仍然是那么雄伟、壮观、圣洁。

贺兰山归德沟·人面像岩画

干渴难熬新井沟

新井沟,只是一个美好的名字。

金秋时节,北山稀疏的骆驼草,显得肃穆、悲凉,一览无余。这里不像北部的贺兰山,放眼望去青山翠绿,有一种生命的跃动和欢快清新的感觉,而这里仅使人感到大山的岩石骨架和不屈的灵魂,这里几乎没有生命,偏偏在这生命的禁区里,就有与生命抗争的艺术——岩画。

汽车穿越沙滩,进入了修过路的山沟,修中宝铁路时曾在这里采过铺路石子。

作者在新井沟考察岩画(1993 年 5 月)

大麦地·狩猎岩画

大麦地·车辆与动物岩画

大麦地·人面岩画

路边山坡上有许多工人住过的地窝式住房,这种地窝式住房大约可上溯到旧石器晚期或新石器早期人类就已经掌握了这种半地穴式建筑,这个传统住房至少延续了上万年,现代人仍然在艰苦的条件下使用这个传世之法。在一大片地穴式住房边建有一排缺门少窗的平房,大约是工头或结账先生的住房和灶房。

进入山沟不到 1 公里,再向里走,石头越来越多越来越大,汽车也越来越难行进。在一个土坎前经过几次冲击,汽车终于败下阵来,我们下车又是推又是搡都无济于事。然后我们从汽车里取出工具包、相机、挂面一大堆东西。当拿到盛水的塑料桶时我傻眼了,空空如也,没有装一口水。过去我们都是出发前在家里就把水装足了,这一次鬼使神差在家没有装,在青铜峡也没有装,想着到了中卫再装,谁知吃过饭竟忘得个一干二净,加上它又放在汽车后备箱里,根本没发现。已经走到这一步,回去再装水是不可能的,附近没有人家,也不可能装水。我的心不由抽紧了,我们犯了一个不可宽恕的大错,这荒山野岭没吃的可以坚持一两天,没喝的可不行,怎么办?

冷静一想,既来之,则安之。盼星星盼月亮,好不容易盼来了这一天,没有水就倒退?

大伙儿都愣在那儿,为没有一口水叹气。

我和小朱交换了一下眼神,我看他也没有退回去的意思。

“你们就回去吧,困难我们会克服,不要

紧,在大山里我们习惯了,会有办法的。"我宽慰他们,同时我也深信,这一带大山尽管荒凉,总有放羊的,只要有了羊圈就会有水喝。

汽车调过头,走了。空旷的大山里只剩下我们师徒二人。

大山无语,安静得可以听到自己心跳的声音。我深知大山的性格,它越是不语,不显山露水,越是蕴藏着丰富的宝藏;它从不炫耀自己的富有,它只佩服那些探险的勇敢者,它也仅向那些把它踩在脚下的人低头。

大麦地·狩猎岩画

我拿着空水桶无奈地摇摇头,心里唯一的欣慰是那一兜酸苹果,它多少还可以榨出一点水来。

当走到有大老虎岩画的山口前,我们垒了一个石堆作为记号,然后继续前进。

来到一个交叉路口时,我们在山石上发现了岩画,高兴地放下背包取出工具临摹起来。这儿岩画虽不多,但出奇的是多为人物和人面像或面具。这些岩画构图奇特,很有新意,作画为磨制,部分画面剥落,时代较久远。有了岩画,又忙着临摹,也就顾不得其他了。偶尔感到口渴难耐时,就拿出一个酸苹果吃,拼命地往出榨水,多少可以榨出一些酸

作者在北山调查岩画(1993 年 5 月)

水来以解干渴之急。

夏末秋初，大山也干渴难耐，就像蒸笼一样，在这种环境里出汗多，只有坚持再坚持。大约临摹到下午4点左右时，忽然听到羊叫的声音，抬头一看，一群白色的山羊在对面的山坡上慢悠悠地走过。这一来心里踏实了，既然附近有羊群，就必有羊圈，我们喝水、吃饭、住宿的问题都有望解决了。这群羊如同救星一样，给了我们信心和力量。真是天无绝人之路啊。

当我们把这一片岩画资料都临摹完时，太阳偏西了。

收拾好工具，赶紧爬上山头，四处一望，山头连着山头，羊群早已消失得无影无踪。

残阳如血，一片金色的海洋，我们又一次陷入了困境。

羊群到什么地方去了呢？羊圈又在哪里？刚才分明看见了羊群，怎么眨眼的工夫就消失了呢？我想不会走得太远，赶快去找，小朱放下背包沿着山沟走了进去，我站在高处等他。过了好一阵小朱回来了，一副愁眉苦脸的样子。

"李老师，怎么一只羊也不见，也没有羊圈？"小朱无奈地说。

"别慌，这边再看看。"小朱又钻进了附近的另一条山沟。

过了一会儿，小朱气喘吁吁地回来了，他说："还是没有，这是一个死山塆，走不通，也没有羊圈。"

"这就怪了，明明看见羊了，怎么就找不到

大麦地·动物岩画

大麦地·人骑岩画

呢？"我也纳闷。只好建议："向前走走,再找一找。"

我们沿着山路,走到了山沟边的一个有小路的山坡上。眼看着一道道山梁耸立,有一条路通向远方。

四处观望,我发现了大麦地东边特有的奶头山,仿佛一个美丽的少女躺在那里,也看到了地质局探矿时留下的红色大坑。令人百思不解的是,这儿是什么地方呢？

小朱爬上山头去找羊圈去了,我坐在路边等他的好消息。过了好一阵小朱回来了,他喘着大气说："我连着爬了几个山头也没找到羊圈。我也搞不清这是什么地方。"看来他是彻底失望了。

太阳已经落山了,但天空仍然明亮,这是西边太阳最后的余晖了。我们前进不得,后退也不得。在进与退的选择中无论哪一条路都是

西夏是我国11世纪在西北地区建立的一个封建割据政权,西夏政权的主体民族是我国古代西羌中的分支党项族。有史以来,羌族就在青藏高原一带活动,因此被史称为西羌。后来向东北发展,到了黄河上游地区。公元6世纪,党项羌才逐渐强盛起来,并开始大批内附和内迁。唐宋时期已形成了独霸一方的封建割据,终于在1038年建立了西夏王国。其地域"东尽黄河,西界玉门,南接萧关,北控沙漠,地方万余里,以贺兰山为固"。1227年,西夏被成吉思汗灭亡。

从大麦地远眺奶头山

115

作者在大麦地考察岩画(2003 年)

大麦地·人面像岩画

前途渺茫,前途未卜。

在无奈的情况下,在同饥渴的奋争中,只有问一问苍天了。这也不失为一种安慰的选择。我们坐在一个大石头旁,从地上捡了一个小圆饼似的石片,在一面写了一个"进"字,在另一面写了一个"退"字。在大石头上连着交了三次,真是绝了,都是"退"字。那圆石片丢下去动都不动一下,就是"退"字朝上。

无疑这是一个正确的选择。

暮色苍茫中我们又沿着原路向回走。越走天越黑了,高一脚低一脚的在石头堆里走着,背着沉重的包袱,怀着沉重的心情,口干舌燥谁也说不出话,默默地走着,走着。

来到一排平房前,东头一间透出微弱的灯光。我们敲门后出来一位小姑娘,进屋见炕上端坐着一位中年男子,瘦长的脸阴沉地打量着我们。

　　我们那副模样不用看也自惭形秽，活脱脱两个流浪汉的可怜样子。穿的是旧衣服，头戴破草帽，脚蹬足球鞋，背着大大小小的包包袋袋，猛不丁还误以为我们两个是失魂落魄的流窜犯呢。多年来我们上山搞岩画都是这副模样，爬山登高，拓墨上纸，把衣服沾得墨迹斑斑，就是件好衣服也穿得不成样子了。我们习惯这副打扮了，而这位中年男子却疑窦丛生，如同山羊看广告——上下打量着我们。

大麦地·狩猎岩画

　　我们也顾不得许多了，看到缸里有水便拿起水瓢舀上水就咕咚咕咚猛喝一通，立时解了渴也把干瘪的肚子充了起来。

　　喝过水我向他解释我们来的用意，把身上带的工作证和介绍信也掏出来给他看了。我还对他讲："我们是搞岩画的，这里的山上有不少岩画，我们已经走过了500里的贺兰山和北山。"然后我小心翼翼地提出用他们的锅和炉子下挂面吃，这位仁兄怎么也不同意，只有一句话："你们快走！"

　　这黑灯瞎火的晚上到哪儿去啊？我心想只要在这儿把饭吃了，哪怕住到山坡上没人住的地窝子里也可以，反正天也不冷，将就着打个盹就行了。眼下是解了渴而不解饿，我们背着挂面、大米，用用他们的炉子和锅就可以了，没有别的奢望。谁知这人心硬如铁，怎么商量也不行，说一千道一万，人家不信任你，始终用怀疑的眼光看我们，并且下炕要关门。小朱站在

大麦地·虎岩画

那里直发愣，一句话也没说，他太累了，也无可奈何。我们只能又开始了艰难的跋涉。

　　走在沙滩上脚往下陷，我们又饿又乏，走走停停，眼睛还得四处张望，希望看到有灯光的地方，但四野茫茫，无声无息。忽然远处有一种不知名的鸟在呜咽似的叫着，十分凄凉。我们只能咬着牙坚持走。

　　实在走不动了，坐在沙子上休息时，好像前面有人说话，我们立即站起来，果然有几个人影在晃动。

　　"谁？"来人问。

　　"我！"我回答着，大家也就凑在一块儿了。

　　"你们是干什么的？"

　　"我们是自治区文物管理委员会的，出来搞岩画调查。"

　　"天黑了还去哪儿，怎么没有汽车？"

　　"我们是单独出来调查的，刚才前面那间房子的人家不让我们做饭也不让住，让我们到前面找打石头的人，我们也不知他们在哪儿，正发愁呢。"我如实相告。

　　"不像话，跟我走，我们就是去他们那儿的。"

　　"你们是什么关系？"我试探着问。

　　"我们是亲戚，他腿不好，我给他找了一份记账工作。我姓石。"

　　我们打起精神，一路说着又来到了小房子前。

　　还是小姑娘开的门，那男人仍端坐在炕上。

大麦地·人骑岩画

大麦地·动物岩画

大麦地·人面像岩画

老石指着小姑娘说："你帮他们做饭吃。"

我们掏出挂面，做了满满一锅香喷喷的面条，请他们吃他们说吃过了。

我们端起大碗呼噜呼噜连吃带喝，转眼间一大锅面吃了个底朝天。

肚子吃得滚圆，不饥不渴了，又打起盹来。

"快铺炕，你们俩睡西头，我们几个睡东头。"老石命令道。

一觉醒来东方已白。洗完脸，老石说："走，去我们那儿吃饭，今后就住在我们那儿。"

贺兰口·人面像岩画

住上了地窝子

我们又跟着老石沿着昨晚的路向南边的沙滩走去，过了一个沙包又过了一个沙包，足足走了有 2 公里，来到一个山墕里。然后上了一段沙石坡来到一个很大的地窝里，能睡 10 多个人。地下铺着厚厚的草，铺盖一个挨一个，挤得满满当当的。看到这一切我不由想起了昨晚上的那一幕，如果不是遇到石队长，就是一人长上四只眼也看不到这旮儿，也不会找到这山墕里来，老天有眼，要不然谁知今天会是什么情况。

地窝里有人忙着做饭，有人洗脸，有人蹲在地上吸烟，见了生人不理不睬。石队长把他们一个个介绍过后，让我们睡在西边靠墙的地方。我们住过高级宾馆，住过羊圈，但住这种古

大麦地·祭祀舞蹈岩画

大麦地·塔岩画

大麦地·塔与人物岩画

老的半地穴式的地方还是第一次，给人一种返祖和新奇的感觉，在这荒山中有这么个栖身之地也算是烧高香了。既然选择了艰苦的岩画事业，就不会计较这些了。我们把带来的大米、挂面都交给了工头老万，他为人和气，留着八字胡，穿着一身旧军装，有40多岁。其他几位都是小年青，有的还没有成家，想在这里挣几个钱回去结婚。他们的工地就在地窝子东边不远的山上，用钢钎把整块整块的石头撬下来然后用铁锤打造成合适的大小就可以了。这都是体力活，干一天很累的，1965年我在中卫镇罗搞社教时参加过这种撬石头活，体验过干这种活的辛苦。

吃过早饭，我们提了一小桶水，带着包包袋袋又上路了，沿着昨天的路进了山。

我们沿着新井沟直向里走，沿途山沟两侧平整的山石上岩画不少，我们就像冲进了菜园的牛，只顾低头贪吃，忘记了周围的一切。

顺着新井沟我们一直向里走，越走山越陡。这一带地形复杂，七沟八叉都很相似，岩画分布也很零乱，山沟里有，山坡上也有，总之，哪儿有就在哪儿干。渴了就大口喝水，饿了就啃干饼子。不知不觉从山前小沟收集临摹到了分水岭前。爬上分水岭远眺，千山万壑，层山尽染，一片金光。

夕阳又一次照耀在远方的奶头山上。那是一个十分熟悉的标志。在大麦地的日子里，我们每天都清楚地看到这圣洁的标志，可眼下我

们搞不清自己的位置,新井沟远在西边,同大麦地是什么关系呢?这仍然是一个待解的谜。为了节约时间,我们也无暇过多考虑,更不可能翻山越岭去考察一番。

我们临摹到高兴的时候发现太阳已经落山,这时方才意识到该回去了。赶紧收拾东西下山,由于七沟八岔大致相同,在忙乱中又走错了路,偏离了上山的路。

我们再一次陷入了困境。此时水早已喝光,饼子也没有了。

昨天是第一次来,走的不很远,今天却走到了沟的尽头,站在山梁上看两侧都是深沟,哪一条是回去的路呢?我们分别下去察看,但一无所获,没有任何痕迹。天渐渐地暗下来了,威胁和恐惧加大了。昨天不顺,今天又遇险情,不由得我头皮发麻。刚过了一天又迷路了,祸不单行啊。

我在大山里还没有迷过路,信心使我镇定下来。我说:"小朱,咱们再向下走走,然后在两侧山沟找找脚印。"我们又找了找,仍然是一无所获,没有踪迹。

我们迅速又向下走了一段山路,看到了一块好似熟悉的山石,由于它的造型古怪给我们留下了一点印象。我说:"我们好像从这块石头旁走过,快去看看有没有脚印。"小朱跑过去察看,大喊:"李老师,有脚印。"我下去趁着天黑前的那点余光终于看到了留在沙地上我们两个人向前走的脚印。

韭菜沟·塔岩画

岩画中的"小擦擦"是古代游牧民族信奉佛教和喇嘛教的明证,他们把虔诚之心铸进了难以磨灭的石头上。岩画中的小塔实际上是一种法身舍利,刻画一座塔就如同建造一座塔,是积一大德,刻画的越多,积的德越多,得到的福也就越多。所以在山石上也就自然出现了许许多多的小塔。这大约就是岩画塔的来历吧。

大麦地·塔岩画

大麦地·西夏"福"字岩画

大麦地·神羊岩画

我们回到地窝的时候已经是晚上10点多钟了,工人们都已睡了,唯独工头老万在吸着烟苦等我们。锅里给我们留的面条早已变成了面坨坨,我们喝了水就大口大口地吞下了面坨坨。

此后,我们沿着新井沟深入到老虎嘴沟,这个老虎嘴沟的名称不知是谁起的,反正地图上是找不到的。也许又是缘于有老虎岩画吧。

在老虎嘴沟里有一个大山塆,恰似一个大盆地,四周的山石如墙壁一般,有三层山石环绕,仿佛进入了古老的城堡。在山塆的中部有人工修筑的遗址,面积约60平方米。而众多的岩画则分别制作在如城墙的石壁上。这里堪称是岩画艺术的画廊:有狩猎和动物岩画,有的人面像年代很久,岩画剥落。也有年代较近的,有西夏时期的方形七层宝塔岩画,造型简单,但准确,底层最大,逐层缩小,在塔的上方有一个西夏"佛"字。这个"佛"字的凿痕同宝塔的凿痕一样,说明是同一时代的作品,也说明了西夏时期人们敬佛崇佛的习俗和意识。

沿老虎嘴沟大山塆的最外层石墙向东南走,我们又爬上了东西向的一道高大的山梁,此处拔地而起气势不凡,算是这一带的山中之最了。在山梁顶端的面南石头上处处制作了各种岩画,给我印象最深的是野牛形象,牛角特大,形象生动。此外,还有一条十分难得的百足虫,为什么制作这样一幅岩画至今尚没有搞明白。这里的人面造像也很奇特。在大山的东头我们发现了两辆车的岩画,车为单辕,两侧各有一匹马。这里岩画塔不少,相伴的还有西夏"福"字等。岩画塔是中外文化交流的产物,也是丝绸之路的见证。

塔起源于印度,随着佛教的传入,它牢牢地植根于中华大地之上,点缀着水光山色。这里的岩画塔均为喇嘛式,呈葫芦状,这种喇嘛式的原形塔青铜峡有一百零八塔,同时在维修或清理时还发现了许多泥制的小佛塔,蒙元时又称"小擦擦",岩画中的小塔或"小擦擦"从造型上看有着一定的渊源关系。

大麦地·猛兽岩画

和"骗子"们在一起

有一天忽然风雨交加,我的扁桃体也不舒服,难得老天爷给放假休息。我躺在床上闭目养神,老万他们也自动放假了,闲着没事干。老万说:"肚里的酒虫虫扎得难受,小王你穿上雨衣去买酒,咱们和李老师、小朱联欢联欢。"小王提着小包冒着风雨去打酒了。

"李老师,你知道我们都是干什么的吗?"老万躺到我身边问我。

"这还用问,你们不是出来打工的吗?"我很干脆地回答他。

"你真看不出来?"老万又问,大伙儿谁也不吭气。

"没问题,你们是农民,出来打工养家糊

大麦地·猛兽岩画

贺兰口·动物岩画

口。"我坚定地说。

"我看也是。"小朱同意我的看法。

"哈哈哈——"他们都大笑不止。

我堕入了五里雾中，他们个个朴实忠厚，干活踏实，每天一早就起来干活，不吃饭先搬石头，看他们那么卖力，我很同情他们。他们也都上有老下有小，有自己的家，在这荒山里吃的少盐缺油，又那么辛苦，挣几个钱真不容易，不然谁跑到这里来图个啥？说心里话，我很佩服他们。

还是老万直爽，他说："你真的看不出来，我就直说吧，我们是一伙骗子。"

"你胡说啥，谁相信你唬人那套。"

"不瞒你说这是真的。我看你们都是做学问的，没和我们这种人打过交道，更没和我们在一个土炕上滚过。几天观察，你们是真正做学问的人，是好人，所以我才告诉你真情。"老

作者与朱存世在新井沟地窝前留影（1992 年 9 月）

万坦言相告。再看看他们,一个个都笑眯眯地看着我。

"真的?"我惊讶地问。

"一点不假。"另一个说。

"我们过去农闲了,就在汽车上玩一套把戏骗人。"说着老万拿起一双筷子和绳子表演起来。

贺兰口·毛驴岩画

"前面的朋友向后看,后面的朋友向我看,我的这套不稀罕,谁能赢了我给钱!"然后他就玩起了绳子套筷子的把戏。当然他们骗人的道具不是筷子而是红蓝铅笔。"我们这是明人不做暗事,明里骗不暗里偷。"老万越说越兴奋,把他们这一伙怎么骗人,怎么配合,怎么识别谁有钱,谁容易上当全说了。

贺兰口·羊岩画

"你们这一套骗过多少人?"

作者(右一)在卫宁北山与地窝子同住的伙伴合影(1992年9月)

125

"不多，也就几个吧，骗了钱就猛吃猛喝一顿完事。"

"你们骗的尽是老实人，今后别再干了。"我劝他们。

"现在就不敢干了，各地搞'严打'，我们是跑到这深山里避风来的。"老万毫不掩饰地说。

真看不出他们会骗人，要从他们干活看个个是好样的。人啊，真是个怪物。

贺兰口·人面像岩画

我们算计着青铜峡文管所司机赵清泉该来接我们了。临走那天我们起得很早，没有吃饭便冒着雾气进了新井沟。我们在做了标记的地方攀上了山头。

这个山头不大，但小山头上的岩画不少，就像花圈一样绕着山头围了一圈。

这里最有名的是老虎岩画，在一大块石面上凿刻了一群老虎，个个生龙活虎令人喜爱。另外还有放牧图，有西夏文"富"字。这可能是作者对自己意愿的表达，也是对未来的祝福和祈求吧。晨雾朦胧，寒意袭人，望着迷茫的云山雾海，我既兴奋又有些留恋。

大麦地·群虎图岩画

我们终于完成了新井沟收集岩画的任务，共收集到300多幅，增添了不少精彩之作，一下子使我们的那本岩画专著更加丰富更加充实了。我怀着踌躇满志的心情走出了多灾多难的新井沟。

刚出沟口，只见远方尘土飞扬，北京吉普的身影时隐时现，到跟前戛然而止。小赵笑眯眯地走下车来，我们的手又一次紧紧地握在一起。

来到地窝,老万他们都过来了。我们合影留念,也单独给他们照了相。握着他们粗糙的手,看着他们熟悉的眼睛,我深深地祝福他们,愿他们堂堂正正地做人。

作者在青海天峻县考察岩画(1995 年 5 月)

从新井沟回来,这批岩画资料很快被制作成考古线图,终于赶上了末班车。我们今天有幸看到新井沟那么多岩画线图,不要忘记了青铜峡文管所席建勋所长的全力支持,如果没有他借车给我们,为我们提供那么多方便,中卫北山岩画部分就会大打折扣,许多精彩的传世之作就会再次遗落在荒山野岭。没有遗憾的岩画才应该是完美的岩画。

生与死的亲吻

这是一次生与死的亲吻,乍听有些恐怖,但这是真的。话还得从头说起。

在"'91 国际岩画委员会年会及宁夏国际岩画研讨会"期间,陈兆复教授向与会代表宣布了一个振奋人心的消息:《中国岩画全集》已经立项,希望大家给予支持和关心。

到了 1993 年夏,《中国岩画全集》宁、甘、青三省岩画分册正式启动,编委会委托我做好

大麦地·人与动物岩画

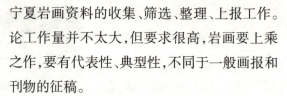

大麦地·人与动物岩画

广武口·动物岩画

香山·野猪岩画

宁夏岩画资料的收集、筛选、整理、上报工作。论工作量并不太大，但要求很高，岩画要上乘之作，要有代表性、典型性，不同于一般画报和刊物的征稿。

按照要求我需要补拍彩照，过去去过的地方，如不符合要求仍须补拍。

由于没有任何活动经费，必须自己想法解决，我只得再次求弟弟祥岗支援。虽然也想到他所在的单位知道了对他没有任何好处，只会给他带来麻烦，但又没别的办法。

这一次我们先从中卫香山开始。香山位于黄河之东，由古生代碎屑岩和少量碳酸岩组成。主峰香山寺海拔2356米，一般海拔2000米左右。由小井子、石砚子、石马湾等处组成了著名的香山岩画。

这一带岩画当地群众比较了解，年长的几乎都可以充当向导。给我印象最深的是小井子岩画，在山沟的北侧山石上，一层层岩画颇为壮观。再向北行约5公里一个叫石羊沟的地方，的确有许多北山羊岩画，然后向西折，遍山坡都是岩画。其中有一幅野猪岩画制作精美，形象生动。一群野猪长长的嘴，滚圆的身子，拖着下垂的尾巴，个个活灵活现，煞是可爱。

为了看到石马湾岩画，我们登上了一个不太高的山头，眼前忽然出现一个高山平川。我从来没有见到过在群山之中会有如此气派如此宽阔如此平坦又如此高远的山川。这里绿草如茵，放眼望去青翠翠绿茸茸把大地铺盖，黄色的野花一簇簇地迎风怒放，在蓝天白云的衬托下使人觉得心胸开阔而舒展。继而又为这一方百姓感到由衷的高兴，一方水土养一方人，他们有这么辽阔的草场，真是得天独厚，得天独爱。

石马湾岩画几乎到了香山寺的脚下，坐车也仅能走一半路程，另一半路就得步行。在两侧干枯的高山下行走感到枯燥、单调，总有一种走不到尽头的感觉，脑子里总是浮现出在贺兰山大西峰沟到东沟门子的那一段山路，走得同样艰难、痛苦。

石马湾岩画就在一个断崖之上，仅几匹研磨制作的岩画马，也不是很清晰，令人有些失望。这一带景色优美，树木葱茏。据向导说，几十年前这一带野猪不少，环境的恶化、人为的捕猎，如今已经绝灭了。

尽管，石马湾岩画仅几匹马，但它代表了一个时代，一个当地人耳熟能详的地名。从这一点上说我们仍然不虚此行。

向导说在香山北部一个山头上有几个人的脚印，这无疑又是一个激动人心的消息。山头并不大，但刮着强劲的山风。我们踏上这个山头后看到纵横交错的石沟石槽，寸草不生，光滑如油。在大约 40 平方米的整块石面上有几个酷似人脚的石窝，脚可以放进去，约有 20~40 厘米深。这种脚印完全是自然形成的，

大麦地·人物岩画

在原始先民的文化中，神话并不全是想象中的虚构，追根溯源，神话就是一种实体性的文化。而岩画则是从艺术的角度从形象的角度给予记述和描绘。

黄羊湾·人与足迹岩画

图1　　　图2

大麦地·太阳岩画

在大麦地岩画中有图画羌人形象，或者说就是一个图画羌字。即一个人头顶羊角在行走或者头顶羊角在跳舞。

汉代许慎著《说文解字》中解释羌字："西戎牧羊人也，从人从羊，羊亦声。"说明羌人与羊有着密切的关系。而大麦地岩画中这种半人半羊的形象来标记羌人，是属于象形字，真实地描绘了羌人祖先是以羊为图腾、以羊为标记、以羊为徽号的民族。

于省吾先生曾解释过羌字的含意："追溯羌字的构形由来，因为羌族有戴羊角的习俗，造字者遂取以为象。"此说信然，甲骨文羌字就是独体的象形字，只是甲骨文羌字更为简化而已。而岩画中的羌字则更真实，更形象更逼真（见图1、图2）

里面还存有雨水，一汪一汪的，给人生命不息的感觉。

向导说每年有许多人到这里焚香求子。这种表现脚印的感生神话很早就存在了，究其深层内涵则是对生殖崇拜的反映。《史记·周本纪》中记载："周后稷，名弃，其母有邰氏女曰姜嫄，姜嫄为帝喾元妃。姜嫄出野，见巨人迹，心忻然悦，欲践之，践之而身动如孕者，居期而生子……"《竹书纪年》中也有"弃母履巨人迹，感而生弃"。

千百年来，神话传说与现实一次次地相会与相约，并深深植根于中华大地，实在神奇又令人感动。

翻过年，到了第二年的5月中旬，我们又一次踏上了大麦地的沙漠和山头。

此行的目的是为"岩画全集"补拍一些过去不太满意或漏拍的岩画照片；另外想研究一下制作岩画的工具，使岩画研究有一个相对年

作者在卫宁北山调查岩画（1993年5月）

代的断定，力争减少盲目性和推测性。

早在 1990 年年底，在中卫照壁山南部发现古铜矿遗址，同时发现面积约 1700 平方米的冶炼场。这一重要发现为研究宁夏地区的青铜冶炼史、开采技术、冶炼技术等提供了珍贵资料，具有重要的学术价值。同时，也为岩画研究带来了希望，尤其在解决岩画制作工具方面可能有所突破。多年实践证明，在岩画区内找到制作工具比大海捞针还难。这一次我们来到了新井沟的西侧台地，赛音吉大娘守车，我们登上了沟壑纵横的台地，在山石上发现了不少岩画，有单个的，也有连片成组的，遗憾的是过去调查时把这里遗漏了。有一幅鹰抓兔的岩画非常精美，老鹰在空中飞翔，兔子在逃命中回首，把最动人的那一瞬间定格在了岩石上。在北端的一个废弃羊圈旁的石崖上，我们又发现了一组老虎岩画，画面很大，也很传神。

在高温中奔波了一天之后，我倒没什么，祥岗吃不消了，他又是拉又是发晕，一下子垮了下来。我们带的药他吃了不起作用，大娘拿出了粉状蒙药他就稀里糊涂地吃了下去。

第二天要回家时，大娘提出帮她去拉几袋子饲料玉米，我们又跑了老远去装玉米。拉回玉米，在大娘双手交叉放在胸前的礼仪中，我们互道平安后踏上了归途。

春天气候多变，一路上沙在扬，风在哭泣。

来到一碗泉时天已麻麻黑，那一汪池水闪着亮光，然后拐弯上了银巴公路。来到三关时

大麦地·人与动物岩画

广武口·动物岩画

羌人头戴羊角的图腾语言符号，其实就是表现了羌人对于羊图腾祖先的信仰，是对动物形象的象征性模仿。图腾信仰的重要标志，则是将最有代表性最具个性和风格的图腾形象或符号刻画在自己的住处、岩石上、树上、用具上、或自己身上等。

羌族是我国少数民族中历史最悠久的民族之一，而且在地理分布上也最广阔。在商代羌族就是被征讨的对象，《诗·商颂》有"昔有成汤，自彼氐羌，莫敢不来享，莫敢不来王，曰商

是常。《史记·六国年表》云："禹兴于羌。"说的是大禹是夏族，也说明夏禹、周文王都属于羌族系统。还有，羌与炎帝也有血肉关系，《国语·晋语》有"炎帝为羌"，司马贞《三皇本纪》说："炎帝神农氏，姜姓。"《后汉书·西羌传》云："西羌之本，出自三苗，姜姓之别也。"章炳麟《检论·序种姓》说："姜者羌也。"说的再明白不过，即姜为羌，羌为姜。《帝王世纪》说："炎帝神农氏，姜姓，母女登，游华阳，感神而生炎帝于姜水，是其地也。"以上典籍告诉我们古代羌族与华夏族的历史渊源，中华民族的始祖黄帝、炎帝与羌族有血肉之亲。由此可见我国黄河流域的广大地区远古是华夏族活动的舞台，从而创造了中华民族的灿烂文化。

2004年9月25日，《大麦地岩画》一书出版发布仪式上，西北二民院谢玉杰院长与王兴康社长讲话

我看到了宁夏与内蒙的边界标志。下山时，山下一片灯光，一派繁荣景象。前方有一辆三轮车挡住了去路，在超车时偏偏碰到了停在路边的一辆熄火瞎眼睛大车。

代价是沉重的，我们都躺在了病床上……

在家人的亲切关怀和照顾下，我终于站了起来，当我能挣扎着拄着双拐去看弟弟时，我们抱头痛哭……

再走大麦地

终于我可以走路了，弟弟又开上了车。我们靠意志战胜了困难。

又是一个灿烂的春天，山花开放，蓝天如洗，文物复查使我又一次来到了卫宁北山。

我们决定先去考察照壁山南的铜矿遗址

大麦地·鹿与羊岩画

和青铜冶炼遗址。这是一处极为重要的遗址，搞清楚了这处遗址对认识和研究卫宁北山大麦地岩画，甚至贺兰山岩画及更广阔地域的青铜器的产生与发展都有着重要的学术价值。搞清楚这处遗址也是我几年来的愿望，只能身临其境才能得到第一手资料，才能有真知灼见。

大麦地·放牧图岩画

我们在中卫文管所小王的引导下，沿着走大麦地路线到物探队部向北拐进了又长又深的山沟，驶进了中卫市金矿厂部，铜矿遗址就在金矿厂部西侧的山峁上。

没想到铜矿遗址会在山顶上部，我们沿着陡峭的山坡踏着滑动的小石子，小心翼翼地向上攀登。刚登上山头突然从脚下飞起一群野鸽，原来这个铜矿废弃的矿井中栖息着许多野鸽，它们过着无忧无虑和平安详的日子。

铜矿天井是一个竖穴大坑，直径约有 12米，从顶部到底部约有 10 米深，矿坑底部比顶部稍大一些，便于人们在坑内作业。在大坑的西北方向有一个采铜矿巷道，高约 2 米，宽约 2 米，据说早先进深有 40~50 米，现在洞口和巷道部分堵塞，没有那么大也没有那么长了。

矿井周围皆是一道道几乎一样的光秃秃的山梁，简直难以相信古人是怎么从这不显眼的山梁顶上发现铜矿的，又不得不佩服古人的智慧和胆识。

矿坑虽然经历了 2000 多年的开采以及大自然的侵蚀雕琢，但从现场看，矿坑四壁光滑且干干净净，不难想象当年人们对铜矿的爱惜

作者骑驴在大麦地调查岩画（1990 年 10 月）

程度。只有细看才能在矿井部分边缘发现星星点点的铜绿色矿石藏在山岩中。

我们准备了又粗又长的绳子，原打算下去考察一番，不料忘记准备手电等照明工具，下去了也进不了巷道，只得摇头作罢。

铜矿附近由于开采金矿，堆积如山的碎石把原来的铜矿冶炼场也掩埋了，可惜看不到炼铜的遗址了。

这处铜矿遗址就在大麦地的东北方，直线距离也就是几公里。我站在山头极目远眺，山峦起伏，层层叠叠十分壮观，在浩渺的远方丘陵处大麦地仿佛在呼唤着我，久仰了，我的大麦地。同时，使我更加坚信这处铜矿遗址和冶炼遗址与大麦地岩画有着血肉的联系。这处铜矿遗址的价值之高是我们过去所始料不及的，它至少应该定为自治区的文物保护单位。

这处铜矿遗址在这里沉睡很久很久了，现在该是它从甜蜜的梦境中苏醒的时候了。

照壁山铜矿及冶炼遗址的发现和证实，无疑为北山和贺兰山带来了文明的曙光。青铜器的发明与发现给人类社会带来了巨大的进步，使人们生活更加便利，提高了人们的生活质量，促进了社会的进步；同时青铜器的硬度和韧性又为岩画的制作带来了艺术之光和生命之力。先进的青铜器工具代替了粗笨的石器，从而促进了岩画艺术的发展，增强了岩画的艺术效果，使岩画更容易进入广大群众之中，成为更为广泛的民间艺术。

大麦地·人面像岩画

大麦地·狩猎岩画

大麦地·放牧岩画

岩画从远古走来，进入青铜文化时期以后，就达到了新的高度，成为岩画的鼎盛时期。先民们用青铜器具为人类留下了光辉灿烂的青铜文化和岩画艺术，他们在这里找到了永生和生命的光点。

广武口·人骑岩画

带着丰收的喜悦，带着青铜之光，我们朝向望已久的大麦地奔去。

魂牵梦萦的大麦地，我终于又一次朝拜你来了。原以为我不可能再重返大麦地了，没想到我不仅站了起来，而且奇迹般地来到了大麦地。还是那熟悉的大山身影，还是那熟悉的山间小道，走近了，走近了，汽车终于停在了大麦地的岩画脚下。

我登上大麦地的岩画山头，看着历历在目的岩画，思绪万千，百感交集。

站在山头，不由得我喊出了震撼山岳的声音："我到了，我看见了，我胜利了！"这是发自内心的呼喊。大麦地上百个山头，几千个岩画，你们听到我撕心裂肺的呼唤了吗？

四眼井·马与羊岩画

大难不死，壮心不已。我手捧着大麦地的黄沙，抚摸着一幅幅岩画，就像久别的朋友重逢相聚。

从大麦地回来我就参加了"宁夏西夏国际研讨会"，我的那篇《宁夏西夏岩画述略》是大会唯一的一篇研究西夏岩画的论文。

与青铜峡岩画有缘

广武口·动物岩画

大麦地·野牛岩画

应该说我与青铜峡岩画是有缘分的。早在1984年1月23日自治区文化厅《文化工作情况反映》第二期上发表的《贺兰山发现两处古岩画》一文中，写道："贺兰县贺兰口的古代岩画是去年夏天由贺兰县爱卫会李祥石等同志发现的。他们经过艰辛的调查，写出了岩画的初步报告。"接着又写道："另一处贺兰山古代岩画，是在青铜峡县广武乡大岱沟内发现的，这处岩画在去年九月由兰州军区84572部队刘高明、鲁仲林等同志发现。"从此，贺兰口岩画同大岱沟岩画，我同刘高明、鲁仲林紧紧地连在了一起。

1985年10月28日我收到中央民族学院少数民族文学艺术研究所举办《中国岩画图片展览》的通知，希望我提供10幅青铜峡岩画照片和文字资料；12月17日我又收到中国艺术研究院美术研究所来函，要我为王朝闻先生主编的《中国美术史·原始卷》提供岩画照片。

我终于有了外出考察岩画的机会，可以说我从贺兰县的小天地里跨出来，走向了更加广阔的天地。

来到青铜峡市文管所，马效中所长亲自出马带我上山。

广武口又叫大岱沟，位于贺兰山余脉，距

青铜峡市西南约50公里。广武口砂石梁岩画就是刘高明、鲁仲林他们部队在这一带军事演习时发现的。如今这一带又相继发现了不少岩画，成为贺兰山一处重要的岩画荟萃之地。

这里自然环境独特，山绕盆地，山地平缓，一眼望去似平畴万顷却又沟谷纵横。长城蜿蜒于山脚，高高的烽火台屹立于山头之上。

砂石梁岩画大致处于广武口的中部，沟内有一个羊圈，岩画在羊圈南边的山上，山陡路滑。这一带砂岩呈微红色，为水成岩，石质较细腻。砂石梁岩画就分布在叫砂石梁的山脊上，有人骑、人物形象、放牧图和狩猎图。岩画并不多，只是制作精巧，小的岩画仅有几厘米，小巧玲珑，动感强烈，形象逼真，可称为微雕岩画。尤令人惊奇的是我们还看到两座小型岩画塔（又叫小擦擦），塔有基座，有塔顶，似乎还有一人在跪拜，组成了一幅完整的礼塔图，或者叫礼佛图。

然后我们又绕着山头走到东边一个大山坳的西侧，那里岩画数量也不多，有人骑、有脚印、北山羊、双人舞，还有西夏文题记和棋盘一样的图形。只是题记和棋盘都残缺不全，无法辨认。

考察过砂石梁岩画总有一种不满足的感觉，另外还有一点徒有其名的感觉。站在山头四顾，若有所失又无可奈何。虽不是千里迢迢来到这里，但也有百里之遥，劳师动众，实不甘心。

广武口·水鸟岩画

青铜峡·动物岩画

青铜峡·双塔岩画

137

广武口·双鹿岩画

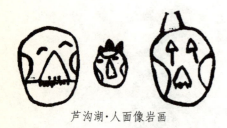

芦沟湖·人面像岩画

在芦沟湖的岩画中，除了神灵之外，其中还有剺鼻馘耳的形象，可以十分清楚地分辨出有的人面像没有耳朵和割掉鼻子的惨状。这种惩罚通常是那些战争中的俘虏。那时宋、金、西夏、辽四方经常在贺兰山一带交战，四方皆使用这种酷刑，有的时候俘虏多了，被割耳挖鼻的多达成千上万人，实在是残酷之极。这种纪实性的岩画，正是当时无声抗议的真实写照。

时间尚早，我们又向西沿着广武口跑到内蒙古地段，一看山势如同砂石梁，接连找了几个山头一无所获，立即返回打算再上砂石梁。但太阳已经偏西了，此时再上砂石梁是无论如何也来不及了。怀着追悔莫及的心情我们悻悻而归。

夕阳高挂在山头，金晖洒满大地，而我撒下的网却仅捞了几条小鱼，勉勉强强拍了 10 张可用照片。

几年以后的 1990 年秋，我又一次来到了青铜峡文管所，此时所长是席建勋。这一次仍然是先从广武口砂石梁开始进行全面调查，取岩画线图资料由朱存世和文管所田旭茹两人临摹，由我测量数据和记录，席所长则带领其他人满山遍野找岩画。

多年来我已经养成了一种习惯，只要坐着车行驶在有石头的山上，两只眼总是在观察山石，希望能够发现岩画。这一招也很灵，每每都有所收获。这一次也不例外。第二天到砂石梁考察中，汽车开到离砂石梁将近一半路程时，我忽然发现山沟北侧的石面比较光洁，上面隐隐约约有画。小朱此时也看到了，我们俩同时喊停车，一车人不知怎么回事，开了车门我们就冲了过去。走近一看，好大一片岩画！功夫不负有心人，真正是在广武口内发现的新岩画。有人骑，有盘曲的蛇，放牧图，有迁徙图，还有罕见的驼帐，就是在骆驼身上支起一顶能活动的帐篷。

从砂石梁的南侧，我们来到了砂石梁的主峰，一座高大突兀的孤山。绕到南面，山石上有一对很精美的岩画鹿，体形将近1米，一副昂首奔跑的雄姿。然后再从山峰头下到底部，这里有马、北山羊、人骑，都显得十分威武，令人羡慕。他们还在山下的沟里发现了一幅较大的群羊图和群马图，羊与马纠缠在一起，但构图很美妙，给人一种复杂又有序的感觉。当时席所长就表态，这么好的岩画丢弃在沟里太可惜，得雇人抬回去。后来他真的抬回去了，此岩画不但得到了妥善的保护，而且成了镇所宝物，多次送出去参展。

这一次砂石梁岩画算是比较完整地收集到了。我站在砂石梁上迎风而立，想起南宋著名诗人陆游说过的"石不能言最可人"，此话对人颇有启发。岩画，这些凿刻于山石之上的古代艺术，虽然默默无语，千百年来经历了风风雨雨的考验，她像火中的凤凰，死而复生，再现了悠悠岁月中的金戈铁马、艰苦狩猎、风情轶事，把我们带回到了蛮荒的岁月。岩画是创世纪的记录和宣言，是人类自我认识、自我启蒙的教科书。

残阳如血，映红了山野，似乎启示在阳光普照的这块大地上，应该还有岩画藏匿着，并等待着我们去发现。

芦沟湖岩画有一幅巨著，其中有一个很大的网状的球体，到底是什么，令人费解。如果从萨满教的天道观来看，天体就是一个如网一样的圆形大球，人与各种动物都生活在其中，谁也别想跑出去。从这个角度看，似乎更符合当时的社会信仰和人们的观念。

青铜峡·砂石梁岩画

不请自来

大麦地·人物岩画

芦沟湖·狩猎岩画

岩画这位文化大使没有保守成分，而是广积博纳、广采众长，体现了宽阔的胸怀，不仅丰富了中华文化，而且显示了中华文化的博大精深。

果然这年深秋时节，又听说在广武口以南的四眼井和芦沟湖一带有岩画，但具体位置不清楚。这次我们没打招呼又是不请自来。

四眼井在广武口南，相距并不太远。这里地方不太大，由于有泉水而造就了一方郁郁葱葱的世外桃源。在一片荒原里有这么一方绿洲使人陡生喜色，感到无限生机。

我们一连请教了当地几个人，他们均一无所知，只好来到村前的山地上采取撒网式寻找。这一招实在高，没有多长时间就听到了好消息，有人大喊："快来，这里有岩画！"循声望去，在村子的西南方山上有人在招手。真是踏破铁鞋无觅处，得来全不费功夫。

为了抄近路，我们顺着山沟登上了山头。岩画分布在山顶南北走向的石梁上，最精彩的岩画则集中在三个大的岩盘上，其中最大的一块岩盘画面有 9 平方米，上面布满了骆驼、马匹、北山羊，还有后期制作的官人、莲花等。在南边的一个岩盘上有一只水鸟，长长的腿和长长的脖子，鸟嘴里衔着棵水草，鸟羽毛丰满迎风而立，形象简洁逼真，是一幅难得的珍品。

我仔细观察了这里的地形，发现山脚下原先就是一处十分广阔的湖泊，湖水留下的痕迹至今十分明显。说明古代这里植被尚好，生态环境也不错,水源充足,野生动物麋集,是人们生活的乐园,人们在这里过着丰饶富足的生活,同时也制作了动人的岩画。如今山空水尽,只有岩画诉说着那遥远的梦。

在四眼井岩画旁我们看到了一处居住遗址,用石块砌筑的房基有 5 间,每间的面积都不很大,大的每间约 9 平方米,小的每间约 4 平方米。在石砌的墙壁上我们发现有岩画,就是说在砌房子的时候用岩画石块筑墙了。说明岩画早于这处遗址。由于没有进行发掘,也很难说明这处遗址的时代。

芦沟湖在四眼井的南边约 4 公里,汽车在湖泊沉积的地面上行驶如坐地毯一般,又稳又软,扬起高高的飞尘。

芦沟湖,顾名思义就是有芦苇的湖。如今湖泊早已干涸,仅有水渍痕迹。这个大湖的南端叫芦沟湖,湖的北端是四眼井。芦沟湖的南边住着一户人家,进屋一看原来是座小庙,里面供着佛和菩萨,佛堂虽小却收拾得干干净净。这儿虽然地处荒山野岭,但香火还很旺盛。户主有 60 来岁,对这一带长城很熟,他说从长城中挖出过脚镣,大约是刑徒修长城时累死了,连人也埋进了长城,听得人毛骨悚然。长城固然伟大,但长城里的冤魂也不少。正因为有了那么多不屈的灵魂,才铸造了人间奇迹。

喝足了水从小庙里出来,面对茫茫大山,岩画你在哪里?我们仍然采取撒网式分片包干的办法分头去找。这里地形复杂,七沟八岔,有

四眼井·鹿岩画

广武口·人骑岩画

岩画的直接年代测定方法,即通过显微观测对岩画表层所显示的锈泽进行对比分析,然后同风化形成的石亏(即岩石的棱边慢慢地逐渐地变圆的结果)进行反复对比、分析,寻找出岩画与岩石之间的差异,尤其要细微观察"石亏"的结构与变化,从而发现它们之间的一致性和差异性。

归德沟·狩猎岩画

中国是否有早期狩猎岩画,是世界学术界和岩画界所关注的问题,更是中国岩画工作者孜孜以求的重要课题。欧洲由于发现有早期狩猎岩画(主要是洞窟岩画)而引以为荣……惠农麦汝井发现的早期史前狩猎岩画10余幅,均为磨刻制作,零星分布于山石之上,由于年代久远岩画线条模糊,颜色呈褐色,与石面颜色相近。这批岩画大致说与欧洲早期狩猎岩画有一些共同之处,但又切切实实是在我们这块热土上开出的艺术之花,结出的思想文化之果。

的地段十分险恶。我们在无目标的大山里转悠着,有时偶尔看到一两幅岩画,价值不大。

小朱年轻,跑在前头,然后又向南找去。这一次他立了大功,在芦沟湖南端的山沟里发现了许多岩画。我站在山头上向南一看,好家伙,又是一个特大的干涸湖泊的遗迹。岩画点正好位于两个大湖之间的高山峡谷中。可以想见古代这里是一处山有佳木野兽,水有芦苇良禽的好地方。

顺着山沟向上走,山不太高,却也沟谷深邃,在大山的悬崖峭壁上发现有人面像。这些人面像实际上都是神灵的像。每当大雨滂沱,山洪暴发,地动山摇之时,也正是神灵显威发作,这些山神使人敬畏,也是人们敬天地祭鬼神的地方。这里恰如山脚下的那座小庙,是原始先民们的心中神庙和神圣之地。

在沟内有一大块卧地的巨大石面,长3.3米,高1米,上面制作了约上百个形象,有众多的人物与动物。引人注意的是有人在撒网捉野北山羊。这是游牧人在狩猎时的一大发明,有了网就等于把人手上百倍上千倍的扩大和延长,使狩猎不仅有了得心应手的工具,而且可以不使捕获的动物受到伤害。这个时候的人们已经意识到驯养动物的重要,在狩猎时把幼小的动物捕到后进行驯养,以保证动物的不断繁衍和人们生活的不时之需。同时也说明人们已经重畜牧而轻狩猎了。另外,网具的生产体现了生产工具的改进和发展,促进了社会的发展,也改善了人们的生活,提高了生活的质量,改变了人们陈旧的思维方式,同时也提高了艺术创作的水平。

　　我们在山上描摹岩画的时候,文管所的丁西林又跑到泉水边和沙滩上另辟蹊径,竟然发现了石斧、石锛。这个意外的发现证实了早在新石器时代我们的原始先民们就在这里繁衍生息、劳动创造。别看这里现在荒凉、毫无生气,远古时代肯定是一片乐土,自然环境优美。随着环境的变化、人为因素的破坏,生态逐渐恶化,失去了往昔的欢乐。

　　第二年夏天席所长找我说,在广武口砂石梁西边又发现了一处重要的岩画点,是放羊人告诉他们的。我不知道也就罢了,知道哪能放过。

　　这一次,我们在文管所小哈的指引下来到早已熟悉的广武口砂石梁,从砂石梁西的一条山沟向上攀登。没料到这次登山十分艰辛,坡度大,碎石多,越往上爬越费劲,一个个张着大嘴直喘气。

　　在山的阴坡沙地里长着一撮一撮沙葱,又壮又粗水灵灵的。我们走不动了干脆就地一躺,伸手拔起沙葱用手将一将就送到了嘴里,

砂石梁·人骑、羊、足印岩画

广武口·双鹿岩画

青铜峡芦沟湖手印、动物岩画

广武口·鹿群岩画

欧洲奥瑞纳时期或马格德林时期或宁夏水洞沟晚期，在人类文化的第一个高峰期中，那些闪烁着色彩绚丽的艺术佳作，既是人类智慧的结晶，也是人类文化艺术之母之根之源，为我们提供了取之不尽用之不竭的精神、文化艺术财富。

广武口·几何形岩画

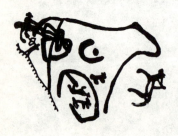

砂石梁·放牧岩画

葱味十足，水分也足，又解乏又解渴，别有一番滋味。

这一带岩画是砂石梁岩画的延伸和继续，距砂石梁直线距离约2公里，从石面情况分析时代较早，许多岩画剥落严重，成片成片剥落，很难辨认出原来的面目。描摹也很困难，我们只能拣几个易于辨认的描摹了下来，其他的岩画只能是忍痛割爱。

我们继续前进，在转过几个大山湾之后，终于找到了岩画点。这儿的地形十分独特，岩画分布在一个凸凹不平的山石上，岩画区南面就是一个深邃干涸的大山沟，向下望去令人生畏。就是这样一个地处深山又无平地的偏僻地方，却有着丰富的岩画，时至今日我也没有搞明白其中的奥妙。如果非要解释不可，那只能是古代这里林木茂盛，人们才可能在这里生息、祭祀，同时也制作了岩画。

这里的岩画中有斯基泰鹿的造型，鹿的角长而后仰，鹿的嘴又特别超长，双眼突出。这种鹿形岩画源于西亚的斯基泰地区，而贺兰山和卫宁北山一带却多有发现。斯基泰鹿的出现，说明了欧亚北方草原地区古代有一条文化交流带，中外的许多民族在大迁徙大流动中相互来往，从而造成了文化、艺术上的互相影响和互相学习。从这个意义上说，岩画又充当了文化使者的角色。

另外，这儿有几组图很有意思。有一组图为一个大轮廓的羊形图，在羊形内又包含了符号、北山羊。这是模拟巫术的反映。这种巫术是同类相生或果必同因，通过模仿而控制同类或相同事物的目的。还有一组岩画也很特别，有两个似编织的草鞋底形岩画，据说在中卫西台乡双达村发掘的春秋战国时代出土的青铜器上有这种类似图形，因我没见过，只能存疑了。

第二天我们又来这儿描摹岩画，很快就把剩余的岩画描完了。我头一天晚上就突发奇想要顺着这条大沟勘察一遍。中午时分，大伙儿吃饱喝足，背上行囊下到沟底，然后分成两组，一组在沟南，一组在沟北，齐头并进。这是一条纵深很长的大沟，但其间又被许多条的小沟切割，上上下下耗费了不少体力。开头大伙还有唱有说，渐渐地没有人唱歌说话了，只听见脚下石头滚动的声音，我也后悔此举得不偿失，但走回头路又不可能，就是想越过山沟也不可能，只能顺着大沟走。直走到下午4点多才算走到了砂石梁的主峰脚下。这一路总共发现10组岩画，有人骑和北山羊，在夕阳西下前的最后一分钟我们又发现了一个怪形人，此人双臂伸展，五指伸开，头上似戴着一顶大檐帽，双腿很短，外露杆子。这是我们此行最后收获的一个"怪物"。

走向麦汝井

惠农县麦汝井岩画早先都笼统归属于树

砂石梁·人物岩画

麦汝井·虎与犀牛岩画

在麦汝井洪积扇上，岩画几乎遍地皆是，但都不是很大。一般来说，石块直径在30~100厘米之间的黑色或褐色岩漆向阳一侧大多有岩画，以动物图案为大宗。许多岩画由于年长日久而漫漶不清，使人体味到时代的久远和历史的沧桑。

在麦汝井的山石中我们采集到了残破的石斧和铁质箭头。说明这处岩画经历了漫长的石器时代一直延续到铁器时代，在万年的历史长卷中谱写了激动人心的岩画艺术篇章。

林沟岩画区内，后来才分离出来。

为了搞清楚麦汝井岩画的分布情况，惠农县文管所所长艾天恩两次坐手扶拖拉机上山，终于摸清了麦汝井洪积扇上的岩画和山头上黑山子区岩画，并且发现了极为珍贵的犀牛岩画。

这无疑是一颗重磅炸弹，一下子炸开了中国没有早期史前岩画的坚冰，带来了一江春水，搅动着每个岩画工作者的心。当然我是第一批受益者。

黑石峁·舞蹈岩画

在老艾的带领下，我们爬上黑石墙，认真、仔细地考察了犀牛和大象岩画。这一次考察我采用澳大利亚罗伯特·G.贝德纳里克的"岩画的直接年代测定"方法进行显微观测。之后，在岩画旁我又发现了特大丽石黄衣，个体均在直径80厘米左右，一连好几个，真是令人惊喜不已。

麦汝井岩画虽然在构图方面简单、洗练、形象单纯，但反映了原始先民的早期审美意识，使我认识到这里的岩画是贺兰山最早的岩画地区之一。这里是贺兰山岩画的摇篮和滥觞之地。

考察回来后我写了一篇报道，在《宁夏日报》上发表了。我在文中这样写道：这批新发现的岩画中，尤为引人注目的是：首次发现了生长在贺兰山地区地

石嘴山黑石峁·群鹿岩画

质时代更新世晚期至全新世初期,相当于考古时期的旧石器时代晚期至中石器时代早期的动物岩画,其中有犀牛形象,还有野马、北山羊、大角鹿、单峰驼、蛇以及近似大象的动物群造像。岩画中没有人物活动的场面以及弓和箭的图形,为典型的史前早期狩猎岩画。

大麦地·老虎岩画

趁热打铁,从麦汝井回来我就约朱存世上山取资料。一大早我们坐公共汽车到石嘴山区,然后转车到石嘴山火车站下车。中午时分我们背着大包小包踏上了通往麦汝井的道路。

我只记得大致的方向,我们边说笑边走向那辽阔而景色单调的戈壁滩。偶尔见到的生命就是沙漠里常见到的那种小蜥蜴,卷着长尾巴,一副憨厚的模样。

我们走走停停,累了就坐下来休息,或者干脆躺在沙地上看着蓝蓝的天。

常言说"望山跑死马"。看着离得不远,走起来实际上远得很呢。

起先我还盯着目标,但翻过几条山水沟之后我也搞不清了,麦汝井你在哪里?只见远处山边出现了两个山口,相距不远,都有几间房子,仅从地表的建筑和山口的形态无法分清也无法辨别。已经走到半山坡了,不见一个人影,放羊人也不知躲到什么地方去了,问路无人,问天无声。我们只好站在戈壁滩上细细观察,但又看不太清楚,两个山口没有特殊标志,怎么看都一样,就像真假美猴王站在眼前任我挑选。真是左右为难,如同钻进了迷宫。

黑石峁·狩猎岩画

麦汝井·鹿与羊岩画

麦汝井·人骑骆驼岩画

麦汝井·牧羊人小潘

鬼使神差,我选择了南侧的那个山口。

离山口越来越近,我越看越不像麦汝井,无可奈何只得硬着头皮走向山口内的羊圈小屋。一问小羊倌才知,这里不是麦汝井,麦汝井在北边,离这里5里路。

为了赶路,我们还得咬着牙再翻一座大山。这5里路全是山路,已经走了几十里山坡路,再翻大山让人心里窝火,情绪低落,腿也不听使唤,越走越慢,后来我的腿也走瘸了。

走到麦汝井已经是下午5点钟了。过了大山沟有一个羊圈,小羊倌姓潘,年方17岁,正躺在炕上看书,人长得很秀气,高挑个,因家里缺劳力初中没读完便辍学来此放羊。小潘家住平罗县尾闸乡,同爷爷在一起生活,他和爷爷轮流放羊。房子不很大,外间有一盘炕,炕上有一个小炕桌,桌子上放着几本小说。里间屋放着杂七杂八的东西,地上堆了不少羊皮、羊毛,羊膻味直冲鼻子。

这里放羊的如同贺兰县金山乡金山村贺兰口、插旗口一样,每天早上把羊往山上一赶就不管了,任它在山上吃草休息,羊倌不必跟着羊上山,可以回来或看书或听收音机或睡懒觉。太阳偏西了羊倌出去接一接,然后到井边给羊饮足了水就算完成任务,不必为羊操太多的心。如果在山坡地放羊,人就得跟在后面,以防丢失和被偷。

我们趁太阳还没落山这段黄金时间,在小潘的指引下,在羊圈附近的洪积扇区考察了一部分岩画。这里的岩画同树林沟岩画的分布状况、制作方法、内容题材都差不多，单个的动物岩画多，狩猎和人物岩画少。岩画保存状况也不很好，许多被人撬走了，高处的保存得好一些。

麦汝井·捕猎岩画

　　羊从山上下来了，小潘要去饮羊，我们也就收工休息了。

　　夜幕降临，月上山头。大锅里煮着羊肉，屋子里煮肉太热，小潘便把房顶扫干净铺上被褥，又拿出一床新被非得让我用，只得恭敬不如从命。我们就睡到了房顶上，看着月亮和满天的星斗，闻着羊肉的香味，有一种说不出的惬意。

　　可以说这两年来我们踏遍了贺兰山和卫宁北山，住羊圈睡地铺都有过，但没有一个人像小潘这么慷慨大方。三星当头的时候羊肉煮熟了。小潘装了一大盆肉端上房顶，早已饥肠辘辘的我们，手抓羊肉就大吃起来。

麦汝井·动物符号岩画

　　"有酒吗？"小朱吃着肉来了劲头。

　　"有，不多。"小潘把他爷爷剩下的小半瓶酒拿了上来。喝着烧酒吃着羊肉，只差没有夜光杯了。

　　第二天我们在小潘的陪伴下又来到黑山子区。这里离沟口约1公里，山大沟深，山又陡，走得很吃力。所谓黑山子区就是因为这里大山上有一块很大的黑色石面，约有10米长，3米高，石面又黑又亮，故称为黑山子区。当初我和小朱上山时如果盯准黑山子就不会走那

麦汝井·鹿岩画

么多冤枉路了。

黑山子岩画数量并不多,总共 20 幅,但幅幅非同一般,主要为早期史前岩画中的犀牛、大象、蛇、北山羊等形象。

在麦汝井西南方 10 多公里的惠农县西河桥,1989 年曾发现第四纪地质年代的动物化石,1990 年 5 月在中科院古脊椎动物研究所的指导下进行了抢救性的发掘。

站在黑山子山头上远望,不仅可以看到尾闸乡产化石的地点,而且可以看到发亮如带的黄河。黄河从麦汝井北边流过,可以想见远古时代这里水草丰茂,既是动物的乐园也是先民们生存的广阔天地。人们在山下采集,在山上狩猎,过着丰足的生活。如今这一切都远逝了,只有岩画在无声无息地诉说着那段人类幼年的生活。

正当我遐思不绝如缕的时候,身上忽然奇痒起来,卷起衣服一看,啊呀,杏子般大的疙瘩足起了几十个!个个又硬又痒,我也不知是怎么回事,从来没有听说过也没有见过这种怪病。小潘走过来一看,说:"糟糕,怎么让蜇虫咬成这样子?"

"哪来的,怎么专咬我?"我不解地问。

"噢,是新被子里的,很久没有盖过,钻进去了不少虫。羊身上有一种叫草蜱的虫,叮了人就肿起一个大包,特痒,而且它的长嘴还留在你身上,每年这个时候就又肿起来,又要痒起来。"小潘说。

作者在黑石峁岩画前留影(1993 年 5 月)

大水沟·狩猎岩画

实际上这种草蜱是一种节肢动物，皮肤肿痒是由虫体内的毒素引起的皮肤变态反应性炎症。当虫咬了人，用手去抓，如果虫在人体皮肤上被打烂或压碎，毒素全部释放出来，经过数个小时之后毒性发作就会引起皮炎。

正如小潘说的，第二年此时真的又起了几个硬疙瘩，奇痒难忍，我用针拨出了几个小黑点然后挤出一点黄水，从此之后再没有犯过。

我忍着痒收集完岩画资料后，顺着山道到山前的两个山塬上考察了明代永乐年间（公元1403~1424年）修筑的一个古城。该城东西长24米，南北宽36米，石块砌筑，高1.5米，基宽2米。这里实际上是一个驻军的兵营。

1984年自治区文物普查时，作者在大西峰沟调查岩画

在麦汝井山前山后的乱石堆里我们跑了三天，收集到的岩画资料已经足以说明问题了。在结账的时候，我们除了吃住费用之外又多给了小潘20元钱。开始他坚决不收，还是我假装生气他才不情愿地收下了。

小潘实在是一个少见的热情诚实的好青年。

在阳光的照耀下我们下山了，小潘赶着羊为我们送行……

一次意外的发现

这是一次意外的发现，意义重大。

1989年春季，惠农县文物管理所所长艾天恩来信告诉我，在贺兰山白芨沟发现了一处岩画，具体地点在白芨沟的上田村，岩画内容有放牧图以及多种家畜，最大的一幅长约9米。得了此信，令我怦然心动。

然而，取岩画资料谈何容易，几乎全在人迹罕至的荒山野岭上，而且分散不一，大小不一，有完整的也有破碎的，甚至风化严重模糊不清的。高者百仞之上，低者崖下沟畔，远者数百里，近者约百里，加之经费困难，独木难支，仅凭个人之力太微薄了，实在支撑不起这座文化的大厦。拖到1990年10月我才有机会去考察石嘴山地区的岩画。

要到韭菜沟去并不容易，这里是军事禁区，过去要进韭菜沟得要银川新市区宁夏军区开通行证方可放行，现在不必跑那么远了，但也得有驻军政治科开通行证。那天我们拿到通行证到韭菜沟考察岩画，岩画的石头被掀翻了，所幸的是岩画保存尚好，一共有两组，均为喇嘛式塔岩画，蒙语叫小擦擦，可能与藏传佛教有关，表现了人们敬佛崇寺的思想。

从韭菜沟出来，我们顺路又到武当庙参观和休息，巧遇一个叫陶四的青年牧民，他热情机灵，当他得知我们的身份后，主动告诉我们白芨沟有岩画，这是我们求之不得的事。他详细告诉我们在石嘴山市到哪坐车，坐哪趟车，在什么地方下车，怎么走，然后到上田村找陶四的亲戚祖全有，他会带我们去看岩画等等。总之，陶四是一个活地图，需要了解的情况他全告诉了我们，使我们免去了许多不必要的

1995年考察白芨沟洞窟彩绘岩画

白芨沟·双虎岩画

麻烦。

第二天一早我们按照陶四说的时间、地点、车次上了路,中午就顺利地找到了祖全有。老祖正在家里上房泥,为了我们的事他放下了手里的活带着我们去了岩画点。进入白芨沟约0.5公里,在一面坐南面北的石崖上,面积长9米,高4米,其上制作有100多个形象,有放牧图、狩猎图,形象生动,写实性强,场面气势宏大。这方岩画可称得上是银北地区最大的。在这方岩画旁还有几幅小的岩画,使那方最大的岩画也不显得孤零零的了。

10月初的贺兰山下秋收正忙,气候暖融融的。而这里已是寒气袭人,寒冷难耐,毕竟这里属于高山气候区。看了岩画我们发起愁来,岩画在石崖上,而且下面有泉水流过,对临摹岩画十分不便,只得返回村子抬来一个钢管焊的梯子,站在梯子上取资料。到底是海拔高的缘故,人晒着太阳仍感觉冷,上去取资料没几分钟就冻得受不了,赶紧下来晒晒太阳,用嘴里的热气哈哈手,活动活动,感到身上暖和了再上去描一描,然后再下来晒晒太阳,这样反复多次才把岩画资料描摹下来。

白芨沟岩画资料总算完整地收集下来了,我问老祖:"这一带难道就这一处有岩画,别处还有没有?"

"没有了,不过这山里有一个大山洞很有意思。"老祖说。

"大山洞里有没有岩画?"

白芨沟·游牧风情图岩画

白芨沟洞窟·彩绘人骑岩画

白芨沟洞窟·人骑岩画

"没见到过,就是一个大山洞。"

"离这里有多远?"我又问。

"有 20 里路吧。"

我想既然没有岩画,我们再跑 20 里路也没有多大意思,再说,大山洞山里到处都是,等到以后有机会的话再来特意逛逛大山洞吧。

只这一念之差,我们犯了一个错误。如果那天就去那个山洞考察考察,也许贺兰山岩画的历史和内容就得改写了,我们出版的那本《贺兰山与北山岩画》专著的内容就会更充实、更丰富、更全面了。洞窟彩绘岩画的发现也许会在当年公布于世,再爆一颗原子弹。然而做梦也没想到历史又开了一个玩笑,我们已经走到了洞窟彩绘岩画的门前却退缩了,与之失之交臂。

我们又向山沟里走了几里路,认真地观察了山沟里的石头,相信确实没有岩画了才停下来,我们是离大山洞越来越近了,却浅尝辄止到此为限。当天下午我们又回到了石嘴山市。

时光如梭,5 年后的 1995 年 4 月 19 日我旧地重游,来到大山洞,发现了珍贵的彩绘岩画,我百感交集,深感当年仅一念之差就耽误了 5 个年头!

五年之后的相遇

　　白芨沟洞窟彩绘岩画的发现是一个奇迹，而且富有戏剧性。

　　1995年3月的一天中午，大儿子下班回来，领来一位面目清秀戴着一副近视眼镜的小伙子，中等个，文质彬彬的，他叫李长征，是石嘴山市邮电局的技术员。午饭已经做好，既然来了客人，我让儿子下楼去买馒头，又多加了两个菜。

白芨沟洞窟·彩绘人物岩画

　　饭后叙家常，小李问我做什么工作，我说是搞文物工作的。他又说，听说如今贺兰山岩画很吃香，还开过一次宁夏国际岩画研讨会。我对他的谈话很吃惊，一个邮电职工居然知道这些与他工作并不相关的事。我说，我就是搞岩画的，并拿出我的那本《贺兰山与北山岩画》专著给他看，他翻阅了好一阵，突然好奇地问我："你的这些岩画是怎么制作的，有没有颜色？"

　　我说："这些岩画制作大致有三种方法，有磨制的，早期的古老的岩画基本上是研磨制作出来的；有凿刻的，就是用金属器具在石头上凿出来的；还有一种是敲击的，就是用石头或金属在岩面上进行打击，敲出来的岩画上有许多敲击的点状痕迹。另外还有线刻法，纯粹用尖锐的石头或金属在石面上刻画，不过这种方

白芨沟·放牧图岩画

牛首山在黄河之东,与贺兰山隔河相望。牛首山由早古生代碎屑岩碳酸岩构成,海拔为 1750 米,山的西侧面临黄河坡度较陡峭,山的东侧坡度和缓。黄河的乳汁、黄河的文化哺育了这片山地丘陵,自古以来,我国古代的羌戎、匈奴、鲜卑、突厥、月氏、党项等古代民族在这里繁衍生息、劳动生活,同时也创造了早期狩猎与畜牧文化。

白芨沟洞窟·彩绘人骑岩画

法制作的岩画很少,时间也不会很长。当然岩画的制作也不是单纯用一种方法制作,往往是两种方法同时进行,先画出大的轮廓然后再进行细部的加工,这样也就避免了岩画的单调而更富有韵味了。这种岩画就本身而言没有颜色,要说有的话也仅可以称为黑与白的对比,黑与白衬托。当然古人为了增加色彩,他们也很看重有颜色石面的选择和利用,他们也很喜欢在彩色的自然石面上作画,这样效果会更好一些。我国的岩画大致可分为北方与南方两个大系统,北方的岩画基本上是采用磨、凿、敲制作的,南方的岩画大致是赭石绘制的,所以也叫彩色岩画。"

听完我的介绍,他若有所思,十分神秘地对我说:"我小的时候,家住在白芨沟,我到过一个大山洞去玩,隐隐约约记得里面也有你书上的那种画。"

"是怎么制作的,是磨、凿、刻的,还是用颜料绘制的?"我赶紧问他。

"好像是有颜色的,也记不大清了,印象中见过。"他又补充了一些重要线索。

职业的敏感使我不由大吃一惊,莫不是他看到了彩色岩画?我立即让他再看看与我那本书上的岩画照片有什么不同。他说只记得好像是红色的。他又说:"我那时还小,那个山洞离我们家不是太远,我和弟弟出去玩耍时到过那个大山洞,好像看到过;后来长大,上学去了也就没有机会再去玩了;再后来我们家也搬走了,许多年了再也没有去过。"

听了他的这番叙述,我已经意识到这可能就是祖全有说的那个大山洞,5年过去了,又听到了那个大山洞的消息。

临走时李长征提出想借我那本专著看看,我欣然允诺,并且留下了他的地址和电话号码。我们相约,要不了多久我会去找他的,一定要到那个大山洞看一看,揭开它那神秘的面纱。

原定《中国文物地图集·宁夏分册》的复查工作从4月中旬开始,我做好了考察岩洞的准备。文物复查自然是有文物的地方都得去,岩画是宁夏文物的重要组成部分,我怎么能不去呢?

4月17日我们来到石嘴山市,首先请石嘴山市文物管理所吴尚仁所长联系租辆北京吉普,这种车爬山性能好,也皮实。然后我给李长征打电话通知他我到石嘴山市了。第二天租好了车,晚上在电话里同小李商量好出发的时辰和相约的地点。

4月19日是值得纪念的一天。这一天天气晴朗,一大早我们就在邮电局门口接到小李,然后车又开到武当庙接另一位向导。

坐在车里闲聊,谈起5年前祖全有曾提到过白芨沟里大山洞的事,也说到陶四介绍如何去白芨沟的那段历史。坐在我身旁的那位向导立即说:"那个小伙子就是我嘛,你怎么不认识了?"真是陶四!无巧不成书,就这么巧,坐在我

在贺兰山中发现的赭石彩绘岩画,同南方系统所使用的颜料大致相同,绘制手法也相同,即用兽毛或羽毛蘸赭色颜料绘制在石头上。赭色即红色,是许多民族喜爱的颜色,因为红色是太阳、血液和火焰的颜色,象征着生命、力量,是原始先民讴歌生命、赞美生活,向往美好愿望的诗章,充满着生命之光的心曲。

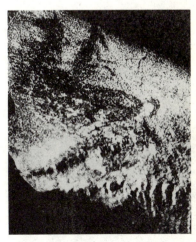

白芨沟洞窟·彩绘人骑岩画

作者(右站立者)在考察白芨沟
彩绘岩画(1995年10月)

黄羊塆·人面像岩画

身旁就是没认出来。真是"不识庐山真面目,只缘身在此山中"。5年不见,陶四已经长成一个英俊的小伙子了,他又穿着一身黄军装,我自然就认不出来了。要说我们还是老朋友了,我还要感谢他5年前的帮助,使我们顺利地完成了白芨沟的岩画考察。5年后,我们又相聚了,不仅同坐在一辆车上,而且要一同去考察那个本该5年前就考察的大山洞。天下的事就这么巧,只能说有缘分,是命运把我们连在了一起。

4月中旬的贺兰山依然春寒料峭,泉水欢畅地流着,向阳的山坡上稀稀落落长着小嫩芽,春天还没完全恢复过来,不时可以看到大山阴面有的地方冰还没有化尽,春天的脚步太慢了。

我们沿着山沟前进,只见大山如簇,层林枯黄,但在阳光下显得壮美巍峨,不时可以听到山鸡的鸣叫声。汽车不时越溪流,过浅滩,飞溅起欢乐的浪花。圈了一冬的人,在这春光明媚的时刻怎能不心动神摇感慨万千!更何况我们此行说不定有重大发现呢,想到这里就不由得心情更加激动。

旧地重游,百感顿生,我终于来还5年前的那桩夙愿来了!来到一处开阔的山塆,迎面一座高山似乎挡住了去路,远远就可以看到一个长扁形的山洞口,在洞口的西侧山崖旁长着一丛丛灌木。"停车,到了。"随着小李的一声令下,我们提着相机,急不可耐地向着山洞飞奔而去。

山洞似张开的大口在欢迎我们这群远方的朋友。它坐北朝南,长约 30 米,进深约 35 米,可容纳上百人。

山洞是自然形成的,在洞的东侧是一面陡坡,上去之后就可以看到在石壁上有熠熠生辉的赭石粉末绘制成的彩色岩画,我止不住激动起来,连说太好了,太妙了!在拍照岩画时由不住地手在发抖。洞窟彩色岩画在宁夏,在贺兰山都是第一次发现,这么大的洞窟,这么精彩的岩画在我国西北地区,甚至在我们这个有着十分丰富岩画的国度,这么大这么好的洞窟岩画也不多见。这称得上是我国岩画艺术史上的一个奇迹,是我们古代先民们馈赠给我们的一份厚礼,也可以说是我们民族文化艺术的骄傲!

白芨沟·彩绘动物岩画

当你来到深邃悠长的洞窟,爬上光滑的石坡,在头顶、在石缝中看到那似火苗一样发着红色火焰的彩绘岩画时,你会感受到它昭示着人类不仅创造了美,而且任何时候都与美、与艺术相伴,艺术之光不仅照亮了人类的历程,而且启迪净化了人类的心灵。同时你也会由衷地感到我们这个民族是一个有着光辉历史和灿烂文化、富有智慧的伟大民族,我们中华民族比起世界上其他民族毫不逊色,我们有我们自己的优秀文化和艺术。

白芨沟·彩绘放牧岩画

由此可知:不论是小到宁夏彩绘岩画,大到中国彩绘岩画,还是世界彩绘岩画,经过上下求索,纵横比较,它们从内容到形式、手法,

白芨沟·彩绘赛马岩画

都大同小异,殊途同归,表现了一定程度的相似性和一致性。因此,岩画是世界上最普及的文化,是世界性的文化符号和艺术语言。不论你走到哪里,只要看到古老的岩画,不论你的国界、肤色、人种、语言如何不同,你都可以大致理解岩画的内容,岩画都同样会在你面前展现出一幅美妙绝伦的彩色心灵和彩色绚丽的大千世界。

我们经过认真清点,洞窟的东侧斜坡上部到下部,一直连到东北侧的石缝中,共有岩画31组,计100多个单体形象、手印和符号。

这批彩绘岩画的内容大体上是纪实性的,描绘了当时人们的生活场景和所见所闻,有人物形象,有牧场生活写实,有人们赛马时的热烈场面。人物头部有羽毛和飘逸的头饰,显得格外英俊潇洒。动物岩画有北山羊、马、狗、蛇的生动形象;有对太阳崇拜的描绘,有符号和空心手印。手印岩画是一个古老的题材,中外岩画均有表现,最早有法国科斯凯洞中的空心手印,距今3万年;西班牙加斯特罗洞和法国的哥摩洞两个洞窟中有多达200多个手印;我国内蒙、新疆、宁夏、云南等地也发现有手印岩画,但都没有这次发现多,也没有如此密集。此外,还有人们狩猎时的动态描绘,其中巫术活动更引人注意,猎人手持圆形箭头对准猎物,经过模拟而达到预期的目的。这种交感巫术几乎是世界性的文化形态,早在欧洲奥瑞纳文化时期的洞窟岩画中就已有了交感巫术活动的

作者在大麦地岩画点(1990年)

反映,在我国各地的岩画中也多有交感巫术的描绘。

　　这批新发现的彩色岩画断代比较复杂,有打破和叠压关系。早期是空心手印岩画,制作于岩洞夹缝的顶部,离地面约 3 米,现仅可见到 18 个,可分辨出左右手。制作方法是用骨管蘸上颜料或口含颜料,然后把手按在岩石上,把颜料吹到或喷到手上,留下空心手印。早期的空心手印是黑色的,可能是木炭粉末掺黏合剂制成的颜料,现仅存两个黑色手印。后来人们又用赭色颜料不仅制成了空心手印,而且绘制了许多赭色岩画。

　　这批彩绘岩画在表现技法上大体是采用剪影式大轮廓描绘方法,即运用散点透视法,不分物体远近,不表现物体细部,但在具体绘画中又有创新和改进,并且展示了处理复杂构图的能力和艺术技巧。如牧马图中左上角的马匹头部,就采用了不多见的正面描绘,可清楚地看到马在低头吃草。这种"扭曲透视法"在西欧洞窟岩画中较多,尤其是在 1991 年发现的法国南部马赛附近的科斯凯洞的岩画中,这种"扭曲透视"的马匹和山羊就为数不少。又如赛马图,不仅描绘惟妙惟肖生动逼真,而且比例适度符合透视规律,充分展示了你追我赶的竞争场面。画面动感强烈,表现出了先后、大小、远近、快慢的时序效果,给人以真实、亲切、优美的审美的感受,此图显示了古代画师的高超技艺。任何造型艺术的生命力都体现在有着鲜

白芨沟·手印岩画

　　在白芨沟的一处岩洞中发现彩绘岩画,是一处坐北朝南的天然洞窟,用赭石颜料绘制的岩画分布在岩洞东侧石缝上,有近百个形象和符号,最早制作的空心手印距今 3 万~2 万年。

作者(右)与马振福在考察韦州明王陵
(1995 年 10 月)

明的强烈的个性,彩绘岩画也不例外。运动的美与力,是涌动的生命力的反映,所以动态的美是最感人最打动人心的美。在岩画中几乎没有静止不动的,而是充满奔腾的、跳跃的永不停息的活力,因此,岩画的魅力也是无穷的,对古人对今人都是如此,都会受到心灵的震撼!

彩绘岩画的可贵之处不限于用生动活泼的形式反映现实,而且用较为细腻、圆润、明亮的色彩反映充满了诗情画意的生活,洋溢着青春的气息。

这次发现也丰富了我们对绚丽多彩的古代岩画的认识,看到了中华文化圈的博大胸怀和深厚的文化根基,无疑将促进中国岩画的研究,并产生深远的影响。

结束这次考察后,我们在彩绘岩画洞窟前摄影留念,记录下了这不同凡响的瞬间。

这次洞窟彩绘岩画调查回来不久,5月16日我到青海天俊县考察卢山岩画,这里海拔不到4000米,由于高山反应夜里无法入睡,缺氧的难受在折磨我的时候,我只得打开电视机看看电视以转移痛苦,意外而惊喜地看到中央电视台晚间新闻在播出"贺兰山白芨沟洞窟彩绘岩画",我连忙叫醒沉睡中的盖山林:"快看,快看刚发现不久的彩绘岩画!"

在青藏高原看到那些熟悉的如火苗一样的画面,激动之情驱散了缺氧的苦恼和难受。

为了更深入地考察和整理这批彩绘岩画资料,同年9月26日我和文物处沈自龙乘银

白芨沟彩绘·人骑岩画

韦州古代是有名的地方,这里土地肥沃,特产丰富。汉代时属于北地郡。唐咸亨三年(672年)置安乐州,后被吐谷浑慕容部占领,至德二年(757年)又被吐蕃占据。唐大中三年(849年)被唐收复,更名威州。到了西夏时期韦州为西夏十二监军司之一。明代太祖朱元璋封第十六子朱㮵为庆靖王,于洪武二十四年(1391年)就藩宁夏。洪武二十五年(1392年)庆靖王在韦州建宫室于此。庆靖王死后埋葬于大罗山东麓的洪积平川上的周新庄一带,这里先后埋葬有14座王陵。自朱㮵封藩,至明亡,传10代,享封250年。

川市文物处的客货两用车再次去了白芨沟,时逢雨季,泉水陡涨,客货车马力小车底盘低,刚进入山口就陷进了泥坑里,我们三个人起先搬石头往里填,后来又用千斤顶顶起来填,谁料越填越陷,汽车排气管一进水干脆也发动不起来了,全趴窝了。没法子,我们又从上游筑起一道拦水坝,才看清车轮下是细沙石,车轮震动沙子就松,石头就随之下陷,汽车自然也就往下沉。前前后后折腾了近2个小时,人困马乏,口干舌燥,只好到村子里找人帮助。

山口离岩洞约20里,汽车不敢开了,如果再陷到里头就别想回家了。我们只好步行,背上相机、塑料薄膜就上路了。这一路几乎全趟着黑水行走,现在的泉水里有矿井中排出的水,还有生活污水,上面漂着塑料瓶、烂菜叶等,散发着一股腐臭味。

经过急行军,从下午2点到4点,我们又一次来到了洞窟,忘了疲劳饥渴,抓紧时间进行拍照,认真分析了岩画的叠压关系和色彩的变化;然后拿出塑料薄膜贴在岩画上进行临摹,用了约10米长的塑料薄膜,将彩绘岩画资料全部收集回来了。不敢停留,我们收拾好工具急忙往回赶。到这时我们才想起除了早上每人吃过两根油条和一碗稀饭外,再没吃没喝,在赶路中我们边走边掏出仅有的两个小馒头,只几口就狼吞虎咽地吃了进去。

为了走近道,我们翻过一座山,不料环境大变,似乎没见过这种地方,山石突兀,粉红色

树林沟·动物与重圈岩画

对小圆穴的解释也是众说不一,但普遍认为是性穴,代表女性,是性崇拜的表现,是人们对性的一种追求和渴望,是种的繁衍的反映。我看了青龙山的小圆穴之后,认为要对小圆穴的组成进行具体的分析,不能一概都认为是性穴,但也不能排斥不是性穴。就青龙山的小圆穴分类的话,有以下几种情况:其一,零星的、无规则分布的小圆穴可能代表了性穴,是性崇拜的反映;其二,如小圆穴排列成北斗七星的样子可能就是对天体崇拜的表现;其三,有的圆穴排列成方形或长方形,可能就是牧羊人玩的老虎吃羊一类的游戏。

白芨沟洞窟·动物、符号岩画

白芨沟·射猎岩画

的岩洞高低错落奇形怪状,如马蜂窝一般悬挂在山崖上。更令人吃惊的是泉水向反方向流淌,登上一个高坡一看,那边的泉水又向另一个方向流去,在高坡两侧各有一股泉水,方向相反,但流淌的水是一样的,都是黑糊糊的,说明高坡两侧的泉水是一股水但流向不同。我们如同进入了迷宫,作难了,怎么办?时间在一分分一秒秒地飞逝过去,太阳早已偏西了,我们走到什么地方?不能再迟疑了,只能逆流而上,不然就回不到原来的地方了。下了坡我逆流行走,越走越惊异,根本没见过这地方,奇峰林立,怪石满山,怎么一点印象也没有,同先前走的路完全不一样嘛。管它呢,只要把握住大方向,只要逆流而上就不会错,心想也许来的时候走得急,没顾上多观察,所以看着同来时不一样。走着走着,转过一个山塆,突然在眼前出现了一个大山洞,啊!这不是彩绘岩画洞窟吗?我们异口同声地说出了这句话。这时才明白,刚才为了省时省路走捷径,结果走错了路,竟然围着彩绘岩画洞窟的大山头整整绕了一大圈子,又回到了原来的起点。真是活见鬼了。

我们不能再耽误时间,也不敢抄近路了,老老实实趟着黑水往回走,不由就加快了速度。

天渐渐地暗了,我们好不容易来到陷车的地方,偏偏汽车不在了,只得坚持向前走,走到村口看见汽车向我们开过来了,由于我们在沟坝上走,汽车在沟里行,我们又是喊又是叫又是招手,近在咫尺,司机却没看见我们也没听到叫声，和我们擦肩而过，又进山接我们去了。没法子，只得调过头再进山去找汽车。

这一天太不顺了，我们饱尝了岩画调查的劳苦艰辛。从早上出发，折腾了整整一天，直到深夜才在汝箕沟口吃上饭。由于太累，胃口也不好，吃饭如同嚼蜡一般，勉勉强强吃了一些。回到家已是次日凌晨了，只想躺下来睡它三天三夜。

记得这年秋天，意大利著名岩画专家、联合国教科文组织顾问、前国际岩画委员会主席阿纳蒂来访，不知是谁给他透风说宁夏贺兰山发现了洞窟彩绘岩画，他就当面向我提出要看彩绘岩画，这个时候仅距发现洞窟彩绘岩画不到半年的时间，这是一个出乎意料的要求。当时这批珍贵的岩画资料尚未发表，出于我国文物权益的考虑，我只能委婉谢绝他的要求。

但是，令人遗憾的是，这个重要的洞窟彩绘岩画被无知的人们糟蹋得不成样子，在岩画四周被胡涂乱写上了题记、名字，令人更痛心的是个别岩画被撬坏甚至不翼而飞。

灵武东山·神鹿岩画

发现牛首山岩画

要说牛首山岩画的发现，事情非常简单。《中国文物地图集·宁夏回族自治区分册》，从1986年3月启动，就像一辆老掉牙的汽车，走走停停，反反复复，时好时坏，就这样，走了将

作者在贺兰山白芨沟彩色岩画洞窟前（1995年4月）

贺兰口·人面像岩画

就在我发表牛首山岩画报道的当年9月份，联合国教科文组织顾问、前国际岩画委员会主席阿纳蒂和夫人艾丽达(国际岩画委员会现任秘书长）来宁夏考察岩画。阿纳蒂是1991年10月参加“'91国际岩画委员会年会及宁夏国际岩画研讨会”期间被当时的自治区主席白立忱聘请为宁夏岩画顾问的，所以他常来宁夏,也多次受到热情的接待。他听说牛首山发现了岩画,想去看一看黄河之东的岩画。看了那几匹岩画马后,认为这组岩画时代较早,属于史前岩画,距今约1.2万年。

牛首山岩画地区

近10年还在原地兜圈子。

1995年6月我又坐上这辆“老车”上路了。

在以往《地图集》中有关青铜峡市牛首山寺庙群的叙述明显混乱,但谁也说不清,我更是无法下笔修改,因为我没有去过,寺庙如何分布,什么样的建筑,等等,我连照片也没有看过,这一次我下决心去看个究竟,要不然还是没有发言权。

我们坐的汽车跑在牛首山半山腰时，我发现这里山石有些近似中宁北山黄羊湾岩画点的地理环境,尽管山石的层面不是太大,但引起了我的兴趣，直觉告诉我这里可能有岩画。只要路遇平整光洁的山石，我就两眼紧紧盯住,为了看清楚鼻子都贴到了车窗上。

牛首山寺庙距峡口镇约20公里，翻过大山峁,来到了一处风景优美,绿树成荫的山洼里,这就是牛首山东寺所在地。这儿群山环抱,山洼里和山头上耸立着一座座寺庙，有太阳宫、西方境、十王殿、无量殿、玉皇殿、极乐寺、保安寺、龙泉寺、甘露寺、古佛寺、泗莲庵等大小17座寺庙,各自独立又互有联系。这里真是一处世外桃源,山峰高耸,寺庙成群,青烟袅袅,鸟语花香。不来此地简直不敢相信荒山之中会有如此美境和香火兴旺之地。

我们首先进入“西方境”寺院,一位小和尚热情地接待了我们,寺并不大,有一个小小的山门,里面有中殿、大殿、配殿组成,并不高大也不富丽堂皇，但收拾得干干净净。从"西方境"出来大伙直奔"太阳宫"，那儿有座大殿，台阶又高又宽，远远望去十分壮观。

我走在后面，忽然看到"西方境"东南侧的山石又光又亮，猛地一下萌生了可能有岩画的念头。他们都走了，我一个人沿着山石仔细地上下左右来回搜索，转过一个小山垭，在西南的一块平整山石上忽然发现岩画特有的那种隐隐约约的线条，我立即趴上去看个究竟。果然不出所料，抹掉石面上的灰尘，显现出了北山羊、鹿、马、符号的形象，终于发现了牛首山第一幅岩画！我大喊他们，让他们提一大桶水来，把岩画冲洗干净了进行拍照。这处岩画点仅这一方岩画比较清楚，其他都模糊不清难以辨认。我们沿着山石争先恐后地找起岩画，结果把考察寺庙变成了一场搜索岩画的战斗。

此后，我们又在山坳的中部发现了一组岩画，然后转过山湾在东沟北部的一面石壁上发现了一组复线制作的三匹马岩画，这组马匹岩画为研磨制作，线条光滑圆润，已经同岩石融为一体了。在马匹中间后人制作了一朵莲花，属于后期佛教的作品。这几匹岩画马，从造型看比较简单，仅有一个大的轮廓线，没有细部描写，但形体较大，真可谓唯我独尊了。

找完岩画大家已经精疲力竭，但还是咬着牙摇摇晃晃一处又一处地考察寺庙。

牛首山岩画还有没有？难道就这么一点儿？我也不相信会这么少，但又没有工夫再去

牛首山·人物岩画

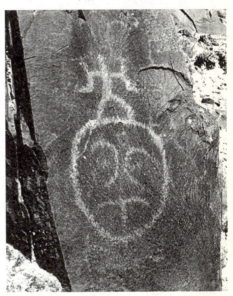
牛首山·人面岩画

滚钟口·马匹岩画

地质时代新生代第四纪与人类息息相关，又称"灵生纪"。在贺兰山贺兰口岩画点发现了第四纪末期冰川运动造成的大面积擦痕，并且冰川擦痕打破了原有的人面像岩画。这一现象在世界地质史和岩画史上都是罕见的，如果成立，对中国岩画，尤其是贺兰山岩画将是震古烁今的大事，对贺兰山岩画申报世界文化遗产具有重大意义。

2003年9月水洞沟旧石器时代遗址发现80周年纪念活动期间，我国著名冰川地质学家周昆叔在贺兰口岩画区参观考察时，在山沟两侧发现了多处冰川擦痕。最为明显的地点是位于贺兰口500米处，北纬38°45′021″，东经106°0.1′11.7″，海拔1320米。

宁夏资深第四纪专家张国典先生在考察后证实岩画在前冰川在后，是冰川打破了岩画。是冰川擦痕证明了贺兰口岩画早期年代至少在4万~3万年到1.7万年间，这个时期正好相当于欧洲岩画的奥瑞纳时期—梭鲁特时期—马格德林时期。也就是说，人类的文明、人类的艺术发端时期大致是在世界各地同期同时起步的，中国也不例外。

找。后来宁夏康辉旅行社的安建平去牛首山探路，竟也发现了不少岩画，他说看见了"宇宙人形象"的岩画，说得神乎其神玄乎其玄，搞得我睡不好吃不香，一心要看看他发现的"外星人"。因为我曾在《飞碟探索》上发表过4篇文章，一向对探索宇宙的奥秘感兴趣。

功夫不负有心人。1998年6月，酷热难熬，一天晚上11点，安总突然打来电话，说他带团明天一早从中卫到牛首山，让我无论如何早上要赶到青铜峡市大坝镇的转盘公路等他。

一大早我出门打的直奔南门汽车站，巧遇走甘肃平凉的汽车，一路顺利赶到了青铜峡，当我赶到旅游局时还不到8点。

我在转盘路等了不长时间来了一辆日本丰田面包车，登上车一看：哇，宁夏岩画顾问阿纳蒂先生和夫人艾丽达坐在上面，我们热烈握手。阿纳蒂比两年前我见到他时老多了，我以为他不会再来宁夏了，没想到他的精神头蛮大，这次带团从意大利出发，到中国考察了新

作者用放大镜观测冰川擦痕岩画（2004年2月）

疆天山呼图壁县康家石门子生殖岩画,又考察了内蒙古阿右旗曼德拉山岩画,最后一站是宁夏岩画。

终于来到了牛首山有"外星人"的岩画点。这儿位于东寺的西南,站在岩画点就可以看到寺庙的屋脊。岩画是不少,约有上百幅,人面像或面具岩画约占三分之一,其他有动物图、狩猎图,有一幅鹰与北山羊的岩画很精彩,鹰似乎扇着翅膀扑向北山羊。当爬上高高的山头才见到了那个"外星人",实际上是个人面像,人的头顶有一个似"火"字的装饰物,阿纳蒂解释为首领,是统治这一方的首领。这种解释虽然有些勉强但也没有比这更恰当的解释了。我左看右看,不管怎么看也不像"外星人",这只能用仁者见仁智者见智来解释了。

贺兰口有明显冰川擦痕的岩画

从牛首山下来,我们直奔贺兰山滚钟口,阿纳蒂要欣赏欣赏由我发现不久的滚钟口岩画。

来到滚钟口岩画点,阿纳蒂考察了不多的几幅滚钟口岩画,他认为时代要晚一些。不过,也不能都属于晚期岩画,那幅凿刻马匹较晚,其他的相对讲要早一些。

从山上下来,突然有位英国老太太放声大哭起来,嘴里还咕咕哝哝说些听不懂的话。翻译小陈去安慰她才知道,她说她不远万里来看贺兰山岩画,说是贺兰山的神灵岩画多么好多么有名,就看这么几幅太叫她伤心了。怎么办?已经是下午5点多钟了,去看贺兰口岩画吧,

贺兰山岩画区发现第四纪冰川遗迹,并且明显有冰川擦痕打破岩画关系,就明白无误地告诉我们这样一个事实:即岩画在前,而冰川在后。也就是说,在第四纪最后一次冰川之前的间冰期,我们的古代先民就已经制作了不朽的岩画。其历史意义就是为我们早期的贺兰山岩画树立了一个时代标尺,这个标尺上限证明了早期贺兰山岩画时代在4万~3万年~1.7万年,冰期过后,我们的先民们又继承了制作岩画的传统,延续了岩画的生命,生生不息、永葆青春。

贺兰口冰川擦痕岩画

贺兰口冰川擦痕岩画

苏峪口·狩猎岩画

自从今年春上贺兰山发大水，把路全冲坏了，一般汽车进不去，像日本丰田这种豪华车，底盘低更是寸步难行，人家司机也不愿意。看其他的文物老太太都看不上，一心一意就是要看贺兰山的人面像岩画。

说实在，当时我就被英国老太太的话打动了，人家不远万里来到中国宁夏，图的就是来看贺兰山人面岩画，我是搞岩画的，她的心情和愿望我完全可以理解，我怎么能让她高兴而来扫兴而归呢？当即我说："走苏峪口，路也好走，我保证让她看到人面像。"

从滚钟口下来很快到了苏峪口，我领着他们看到了人面像。英国老太太虔诚地对着那高悬在崖壁上的人面像频频招手，高兴得嘴也合不拢。我告诉她，这些岩画是我在1984年文物普查时发现的，在这儿北边贺兰口还有更多更好的人面像，因为路被洪水冲坏了过不去了，路修好以后欢迎她和更多的英国朋友来。她连连点头说好啊，好啊。

参观完苏峪口岩画，夕阳落山了，彩霞映红了半边天。翻译小陈告诉我："老太太说她可以和那些人面神灵对话呢。"

原来是英国老太太同人面像岩画交谈互致问候呢。这是多诚挚的感情！

这一天我南北跑了两个岩画点，同英国老太太一样很知足了。

不平静的青龙山

宁夏银南地区有没有岩画一直是我关心的问题。1989年8月我随同宝中铁路宁夏境内沿线文物考察队来到同心县,在翻越大罗山时,我看到这里山石光滑平整,是理想的制作岩画的载体。所以一路上我十分留意观察公路两侧的山石。由于车速快,颠簸得厉害,没有看到岩画。不管怎么说,经过这次走马观花的"调查",我凭直觉感到罗山一带应该有岩画,直到10年后的今天仍然有这个信念。

经过这一次的观察,我把自己的想法告诉了同心县文管所所长马振福,希望他能抽空到大小罗山去考察一次,兴许会有重大发现,不仅了却了我的一桩心事,对同心来说也将是一次重大收获。我千叮咛万嘱咐,眼巴巴地等待着马振福的好消息。

马振福是一位虔诚的穆斯林,他参过军,20世纪70年代北大考古专业毕业,是当时宁夏银南地区唯一一位考古专家。他曾撰写了20万字的《同心县文物志》,在古生物化石研究方面发表过多篇同心地区古生物化石的论文,在自治区内外有一定的影响。为了取得化石的第一手资料,他曾多次冒着危险钻进又小又闷又深的地下坑道去采集化石标本。他确实是一位实干家,把考察大小罗山有无岩画的事交给他才能落到实处,也才有希望。

后来他去大小罗山考察了一番岩画,但一无所获。我觉得与他可能没有把握住关键地区和独特的岩画环境有关。因为他虽然一直关注

古人造字以羊代表美好,《说文解字》称:"羊,祥也。"可见羊在人们心中为吉祥动物。所以古代羊与善、美、鲜、羌、祥等有着直接关系。如果细细考究就会发现,我们中华民族与羊有着最亲近、最紧密的关系。

早在新石器时代的仰韶文化时，黄河上游青海出土的陶罐上就有羊的纹饰（图1），形象生动简练，传神有韵。　到了商代羊的器形更加逼真完美，如商代弓形器上羊形造型（图2）及酒

图 1　青海新石器时代陶罐羊纹图

图 2　商代弓形器羊形图

着我在贺兰山岩画调查和研究方面的工作，但他从未深入到贺兰山岩画地区去实地考察，缺乏感性认识。只有身临其境才能有现场调查的经验和感受。

眼巴巴地等到1993年。马振福的老搭档，曾在中国自然博物馆工作后又在美国留学的古生物学家关键回国，同宁夏达成协议共同发掘同心县的古生物化石。马振福点名要我同他参与这项发掘工作。这对我来说无疑是一次难得的学习和工作机会；另外，在工作之余我们可以到大小罗山去考察岩画，真是两全其美的差事，是打上灯笼都找不到的好事。

天有不测风云，人有旦夕祸福。计划没有变化快。在关键时刻却出了问题。到了1994年我突然出了车祸，哪儿也去不成了，一切计划、安排全打乱了。

到了第二年我再来的时候已是秋高气爽的时候了，原野本来就少树林，越发显得苍凉、荒芜。来到文管所找马振福，他告诉了我一个意外惊喜的消息。

他虽然没有在大小罗山发现岩画，却在韦州青龙山发现了岩画。他拿出了一大摞黑白照片让我们看，青龙山岩画有小圆穴、有符号、有文字题记。他说有图画，但照片里没有。尽管如此，也足以令我兴奋的了，毕竟是看到了希望，看到了最简单的岩画。既然他发现了，就得去韦州青龙山看一看，机会难得呀。

我们租了一辆放屁虫（即三轮摩托）考察

了仁庄附近明王陵,早已被盗,但墓园尚好。封土高20余米,该墓为斜坡墓道砖室墓,由甬道、前室、中室及左右配室组成,全长18米,宽13米,高17米,为砖拱穹隆顶。墓室结构严谨,墓壁磨砖对缝,建造宏伟精致。

从总体看明王陵从建筑规模、形制、气势上都远不及银川贺兰山东麓的西夏王陵,但墓葬本身仍然高大宏伟不失王者之气。

如今罗山下的明王陵个个残破不全,大坑小洞伤痕累累。我们去时还看到许多被挖掘出的新土,被破坏得已经不成样子了。在一个盗坑里忽然蹿出一只野兔,眼看着它扬长而去。各县市文管所经费不足,是保吃饭财政,所以对文物保护也只能是量力而为。

韦州的宝塔和高耸的城墙,在夕阳下显得庄严、肃穆,使人不由得产生一股怀古之情。

第二天一早,租了一辆三轮车在颠簸中向东方的青龙山奔去。

云遮雾罩的青龙山,由早古生代碳酸岩组成,南北延伸40公里,东西宽4公里,海拔为1705米。由牛首山——青龙山一线的断裂带把宁夏分为南北两界。这里仍是荒山秃岭,放眼望去天苍野茫,黄沙遍地,使人觉得到了干涸的罗布泊一样。

早上出来时天气不好,上午就开始起风了,眼看从西边刮过一阵一阵的冷风,转眼间风越来越大,黄沙漫天飞舞,不到中午时分已是天昏地暗了。

器双羊青铜尊(图3),羊形青铜觥(图4),已经达到了很高的艺术造诣。值得一提的是,春秋战国时期我国北方少数民族对羊更有着特殊的关系。在众多的铜器中,羊的形象更为优美鲜活,更有灵气,如内蒙古战国羊头铜饰(图5)形象栩栩如生活灵活现,又

图3 商代双羊铜尊

图4 商代羊铜觥

图5 内蒙古战国羊形铜饰

如内蒙古准格尔旗战国羊形青铜饰(图6)造型亭亭玉立、卓尔不凡,表现了北方少数民族对羊的喜爱之情和特有的审美观。宁夏彭阳县出土的战国羊铜牌饰(图7)造型准确传神,有很高的艺术价值。

图6 内蒙古战国羊形铜饰

图7 宁夏战国羊纹铜牌饰

漫天狂风,飞沙走石。我们站在青龙山前连眼睛也睁不开,天公作乱,如何是好?但我心里很明白,对我来说此次青龙山之行是第一次来也可能是最后一次,以后很难有这样的机会了。我们顶着大风,沿着青龙山的山脊由南向北去寻找远古的文明和远古的梦。

我们边走边找,终于在几处山顶的平整石板上发现了许多小圆穴,有的是天上的北斗七星,有的又似一串串珍珠。

青龙山上狂风大的时候人无法站住,大有青龙腾飞时飞沙走石之势。风大的时候我们就躲到有坎的石头后面,或者躲到大坑里让风从头顶上刮过。

我们走走停停,边走边看,竟然也走出有10里之遥,除了找到一丛丛、一排排大大小小不等的小圆穴之外,别的一无所获,但我也很知足了,我见到了最原始的单一的岩画。

这一次青龙山考察我们走错了路,都怪那该死的风,把我刮向了北侧的山脊,如果当时向南走,也许不会仅仅看到小圆穴了。

我还做着到大小罗山和青龙山考察岩画的梦,不知道要等到哪一天。

水洞沟与东山岩画

灵武是一个人杰地灵的地方。这儿有闻名

于世的水洞沟旧石器时代文化遗址和东山岩画。数万年以来我们的先民们就在这里繁衍生息，创造了灿烂的古代文明。

要说灵武我并不陌生。1984年4月全区文物普查培训班在灵武实习时，我带领一个小组在梧桐树乡搞文物普查，在沿黄河一线的台地上就发现了新石器时代文化遗址。遗憾的是我们实习时间太短，活动范围太小，有许多地方没有跑到。

1998年7月31日看报纸得知灵武横山二道沟有岩画，等到1998年9月，我骑了摩托车去考察横山二道沟岩画。过了银古黄河大桥然后向南，我刚过临河乡，巧遇在路边等车的临河乡下桥村青年农民杨军，他坐上我的摩托车指引我来到了有"花石头"的吕安民家。

吕安民家住在村子向东的一条小巷道南院里，对面是香气馥郁的果园。他家门口西侧摆放着一块长50厘米，高47厘米的石头，上面凿刻有牛、鹿、北山羊的岩画。这块石头就如同大户人家门前的石狮子一般蹲在地上守护着大门，虽然略嫌小了一点，但仍有异样的风采和威严。

吕安民有病住院没有在家，他母亲和邻居在门口同我聊起岩画来，他母亲说这块岩画是几年前吕安民从他们房后的横山二道沟上拉回来的，过去这种石头不少，现在因为拉石头盖房子已经不多了。

为了看清楚岩画，我请他们端来了一盆清

在贺兰山岩画中有着数以千计的形态各异优美雄建的羊纹岩画（图8），形象生动飞韵，表现了古代先民敏锐的观察力和高超的艺术表达能力。

《说文》卷四上释羌云："西戎牧羊人也，从人从羊。"于省吾先生说："追溯羌字构形的由来，因为羌族有戴羊角的习俗，造字者遂取以为象。"在贺兰山岩画中就可以看到羊图腾崇拜的演变过程（图9、10），这一过程经过组合、重构和解读，由写实到写意，最后形成人与羊的结合，人与羊相融合，达到人与羊的亲和与互融，完成了羊是人的亲属这一图腾转换与互动，展示了图腾的深刻内涵和风采。

图8 贺兰山岩画群羊图

图9 贺兰山岩画羌人头戴羊角装饰

图10 贺兰山岩画羊图腾演变图

在贺兰山岩画中还有一组更为神奇的羊图腾崇拜象征图（图11），左侧的羊纹完全植入右下侧的人面中，达到了人与羊的结合，说明了人来自羊这一图腾涵义。这组岩画生动具体的回答了人是什么，人来自何方，又回到何处这样一个古老的问题。

图11 贺兰山岩画羊图腾崇拜图

水洒在岩画上，仔细端详有打破关系，原先上面有画，后来人们又凿刻了牛、鹿、北山羊，造型粗犷生动，不失一方精美之作。但时代不会很早。

为了考察横山岩画，我又开上摩托沿着二道沟边的小道登上了灵盐台地。

横山实际上银川人称东山，在银川之东，属于灵盐台地上的一座丘陵，向西望去滔滔黄河近在咫尺，浩浩荡荡气势壮阔，丘陵并不很高，但四野开阔，沟谷纵横，是古代先民狩猎和栖息的理想之地。在横山东麓就是闻名的水洞沟了，直线距离不过数公里之遥。

在离二道沟不远的头道沟据说也有岩画，在它的南侧三道沟有三道沟新石器时代文化遗址，面积约6000平方米，地面散布有罐、盆、鬲等陶器残片和磨制的石器等。

应该说东山一线面对大河洪流，山川秀美，向西发展有富饶的银川平原，与雄伟壮丽的贺兰山遥相呼应，共同组成了一个纵横驰骋有着发展前途的广阔天地。是这一方土地造就了这一方人，并且我们的原始先民们在这里做好了准备，他们或沿着黄河，或沿着草原之路，把文明和优秀的黄河文化传播到了十分遥远的地区，成为人类文明和文化的使者。

当我来到东山脚下的时候，已是下午时分，太阳已经偏西，而这里又没有人家和羊圈，中午还没有吃饭，只好拍了几张环境照片，踏上了归程。

翻过年来，天暖了，不觉到了1999年5月，一天在和儿子一家人聊天时，他问我岩画有没有新发现，我说东山就有但没车去不了，去年骑摩托车走了半截路难走没去成，打算今年再去闯一闯。

当时他就许下给我搞辆越野车让我去考察东山岩画。在我的督促下总算有了结果，9月4日早8点车准时来了，是辆切诺基，爬山性能好，是理想的越野车。不到9点我们就赶到了临河乡二道沟村的吕安民家。老吕的病早已痊愈，买了辆农用车拉石头去了。他媳妇说过一会儿就回来吃早饭，拿了把剪子到院子给我们剪了几嘟噜葡萄给我们吃。

大西峰沟·老虎岩画

时间在不知不觉中过去了，9点多，10点多，吕安民仍然不见影子。我着急了，他怎么就不回来了呢？我们来到公路边看着来往的汽车。左一辆，右一辆，大的，小的，各式各样的汽车来来回回如穿梭，就是不见吕安民的农用车。

人越着急似乎时间走得越快，转眼10点半了。我心里很窝火，去年白来，今年难道又白来，等，是白等，找，又不知耽误多少时间。人逼急了，就逼出法子来了。我想，有切诺基何不自己去闯一闯呢？找到岩画算自己运气好，找不到也比在这儿死等强。一声令下，汽车沿着我去年走过的道儿向二道沟飞驰而去。

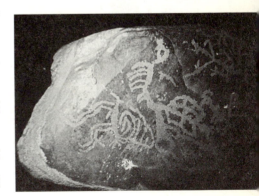

灵武东山·动物岩画

东山远不如贺兰山，贺兰山有一种不可征服的气势，而这里，所谓的东山，不过是一个个

曼德拉山·人骑岩画

作者在韦州康济寺塔前（1995 年 10 月）

土包包而已，一览无余，一点儿也不高大，一点儿也不含蓄，一点儿也不神秘，荒草、沟壑遍地。这里过去我们叫横山，也叫东山，而地质上叫灵盐台地，是属于鄂尔多斯台地的一部分，海拔 1200~1700 米，由沙砾黄土构成。这个台地分成三级，我去的属于第三级，由一系列平岗组成，海拔 1300~1400 米，上面覆盖第四系沙砾层。换句话说东山就是由第四系沙砾土丘构成。到土丘上找岩画我还是生平第一次，放眼望去一片黄土色，不见一块完整的大石头，使我产生了一种缘木求鱼的感觉。

进山不久，看到不远的山坡上有一群羊，牧羊人却坐在高高的土丘上。停了车，我向他走去，想打听一下路对不对，还想问问有没有岩画。我连着翻了两条沟后喊，那位羊倌却迟迟不动弹，最后他还是不情愿地下来了。走到近处一看，原来是位老羊倌，难怪他不想多走路。

一问这里就是二道沟，有画的石头在黑石梁。

"黑石梁在哪儿？"

"在呶——里。"老人用手指着很远很远的地方。

我一听心一下子凉了半截。宁夏方言中"呶——"腔调拉得越长就越远，他的"呶——里"实在太长，远不止十里八里，这分明是南辕北辙了。告别了羊倌我们继续向大山深处驶去。

走着走着路越来越难走了,到后来连路也没有了,满沟都是碎石头。山里的路就是这样,去年还有路,然后发洪水一冲,今年再去就没有路了。

来到羊场,只见有三处土坯房子分散在山湾的平坦处,没有一个人,也没有一只羊,显然都放羊上山去了,想问人也无人可问。

站在羊场我四处观看,无数个大土丘构成了气势不凡的大山,千沟万壑,千山万峁,全是沙砾,不见几块石头。虽然有一丝绿意,也仅仅是长的一点点细草。

山坡很滑,全是沙砾,踩在脚下似滑溜板一样。这里没有路,羊走的多了踩出了一条又细又长的路,这种路人根本走不成,只能拣有沟有坎的所谓的路向上攀登。我翻了一道梁,又翻了一道梁,连我也说不清是什么地方,终于在向阳的山坡上发现了第一块岩画!上面磨制了两只北山羊,活蹦乱跳十分可人。我的心立刻猛地跳动起来,激动不已。

有了第一幅岩画,就会有第二幅第三幅……我坚信这条道走对了。在岩画旁我稍微休息了片刻,稳定住了自己的情绪,然后仔细地观察起来,接着拍了第一张彩照。仅这一面大坡,上面有几块如电视机般大的砂岩,石面平整,石色呈褐色,岩画显得分外清楚、明丽、喜人。这几块褐色石头似镶嵌在山上的明珠,又似漂浮在海上的几叶孤舟,又似风中的几片枯叶,但,山不在高,有仙则名,就这几块岩画马

灵武东山·人骑岩画

我们自豪地自称为"华人"。如果寻根的话颇耐人寻味。

最早记载"华族"的是《尚书·武成》:"华夏蛮貊,罔不率俾。"后世儒生注经时说:"冕服采章曰华,大国曰夏"。《左传》定公十年云:"中国有礼仪之大故称夏,有服章之美故称华。"说的是华夏族服饰华丽。

然而,《诗·周南·桃夭》云:"桃之夭夭,灼灼其华。"说的是桃花盛开是"华";《尔雅·释草》云:"木谓之华,草谓之荣。"说的是树木开花叫"华"。又《尔雅·释木》云:"瓜曰华之。"说的是瓜开花叫"华"。总之,这里的"华"就是指"花",说明上古时代"花"与"华"同音同意。

在贺兰山贺兰口岩画中,发现有"花"的岩画。此岩画花,16厘米×19厘米,研磨制作,上部为花骨朵,下部为花

蒂,是一朵花蕾绽放的花(见图)。

这朵岩画"花",是华族图腾徽号与象征,也是上古时代图画"华"字。图腾,义为"亲属",原始人相信,每个民族与某种动物或植物有着亲属特殊关系,而且每个族属以图腾物作为自己的祖先、保护神、徽号、标志和象征。岩画花作为华族的图腾象征,实质是表现了原始华族的采集生活,春华秋实,以此为生。由于人类对于食物的追求欲望和唯实精神,于是食物成为原始先民与大自然之间的根本联系。

这朵岩画华族徽号说明,早在公元前6000~前5000年,贺兰山岩画区是中华黄河文化的发祥地区之一,是华族先民在黄河之滨高山之上创造了中华灿烂岩画文化。

岩画"花"即"华"字

上为孤寂的大山平添了几分色彩,几许欢乐。每看到一幅岩画我都似久违的老友相见,感到分外可亲。我摸了又摸,看了又看,在渺茫中居然见到了希望。

真的应了于无声处听惊雷。无声的大山终于亮开了自己的胸膛,把自己的宝藏慷慨地贡献出来了。我信心十足地爬上一面坡又翻过一道梁,几乎每架山每道梁都有岩画,区别仅仅是多与少,大与小而已。总之,没有白跑路,没有白吃苦。

这里岩画以北山羊为大宗,说明先民们还是过着狩猎与畜牧为主的生活。其次有马匹、牛等家畜,马匹的形象很生动,个个精神抖擞;牛的形象也很优美,膘肥体壮,奔跑有力,显示了旺盛的生命力。还有鹿的形象,似马鹿,个头大,双角上翘,十分威武。人的形象也不少,有单个人走路的形象,也有追赶动物和牵拉动物的形象;有的动物旁干脆站立着一个人,我看有巫术的含意,表明人控制动物的意思。更多的是人在执弓射箭,有的弓箭很大,说明为了打到动物人们制造了强有力的弓箭。还看到人骑飞奔的岩画,一大群人骑在马上飞奔,画面豪放,大有一种乘风而飞的感觉,充满了生活情趣。此外,还发现有天体岩画以及重圈、符号岩画。特别是我在一道大山梁上发现了一块长59厘米,高73厘米的大石块,上面有几十个形象,有人在猎鹿,有人在马上双手上举似在要杂技,还有飞禽的形象,此岩画制作得十分精彩。

　　东山岩画的制作方法早期用研磨法制作，晚期似用金属器凿刻的，早期岩画以动物为主，石面已经剥落，岩画模糊难以辨认；晚期岩画用金属制作，画面较规整和清晰，制作工具的先进带动了作画技巧的自然与娴熟，并表现出一定的力度。我通过丽石黄衣的观察和测定，早期岩画约在 6000~5000 年；中期岩画约在 4000~3000 年，晚期岩画在 2000 年左右。总之，东山岩画时代较早，是宁夏岩画最古老的地区之一。在山梁上，我听到铃铛的悠扬声，抬头望去，远处山梁上群羊正在缓缓地行进，阳光照射到羊身上，泛起一圈微黄色的晕圈，不仅美丽，也充满了诗意，观察的那一瞬间，我忽然看到西边的山头上有一堆黑色石头，犹豫了片刻，看去离我较远，还得翻两个山包，当时实在不想多走一步了，不去吧，又怕漏掉了珍贵的岩画。我定了定神，决计还是去看一看，有岩画的可能性很大，万一漏掉了什么重要的就太可惜了。再说谁知以后还有没有机会再来。于是我又向那堆黑石头的地方走去。

灵武东山·牧羊岩画

　　多年找岩画的经验告诉我，找到找不到岩画，看到看不到岩画往往在于一念之间，在于坚持再坚持之中，如果稍一放松就会失之交臂，所以我给自己打气，找到这么多了，看到这么多精彩岩画了，但说不定还有更好更精彩的在等着呢，别松劲，再坚持坚持吧。好奇心也在驱使着我，那么大一堆石头，上面有什么岩画？

曼德拉山·塔岩画

作者在宁夏须弥山(1988年7月)

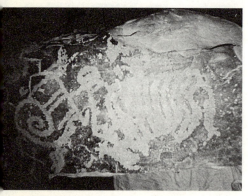

灵武东山·龙虎斗岩画

有多少岩画？一定很多，很好。这么一想，就似有根线在拽着我不由自主地向前走去。

终于又翻了两个山头来到了这堆黑石头前，没顾上休息先找岩画。首先看到面南的一个石面上赫然有一个女阴高悬在正中，四周有几只北山羊。看了似乎有些刺眼，觉得有失体面，也有些令人疑惑。然后我又绕着石头堆转了两圈，那么大的一堆石头仅此而已，再没有任何岩画。

坐下来休息，一切复归平静。

空寂的大山独独这儿最高，也独独这儿有女阴符号。仔细再看看这个符号才发觉这个符号的颜色呈土褐色，证明历史已很久远了。在这个时候，我才掂量了它的非凡和分量，似乎悟出了点道理。

这一发现使我彻底改变了以前的态度。这是在一个特定的环境和特定的时空里，这里距水洞沟近在咫尺，旧石器时代的文化影响太大了，搞文化的搞文物的搞考古的，没有人不知道旧石器时代奥地利威伦道夫的维纳斯女神裸体雕像，她乳房丰隆，臀部硕壮阴阜肥厚，没有面部器官，主题强调了生殖器官，被世人尊为"母神"而崇拜。从造型看，母神就是生殖神，突出了女性的特征，是人类之源之本。这尊母神是石灰石雕琢而成的，高11厘米。如今收藏在捷克希尔诸城的摩拉维亚博物馆。

另一件为劳塞尔维纳斯，是一件女神浮雕，高46厘米，发现于法国劳塞尔岩廊。劳塞尔维纳斯人的面部模糊,左手拱在隆起的腹部上,肥臀丰乳表现了母神的丰满,表达了祝愿氏族昌盛和安康的思想。

　　此外在欧洲发现旧石器时代较早的奥瑞纳文化期到后来的马格德林时期的人像雕刻以及用石块雕琢的生殖器更是多到数不胜数的程度。我国20世纪80年代初在辽宁西部发现5000年前的祭坛、女神庙和积石冢,出土了母系氏族社会的象征——陶质妇女裸体塑像以及和真人大小的女神塑像等,这些中国的维纳斯女神都是母神,是人类社会的精神支柱和现实反映。由此推知,这座大山上的女阴符号,如此高悬,正说明了它是母系氏族社会的标志、象征。女阴符号就是母系氏族社会的代名词。这样理解一切问题都迎刃而解了,也见怪不怪了。在母系氏族社会的门槛里,当然一切崇拜性的,表现性的,象征性的都是以女性为主的符号,而女阴则是最简单明了的符号。中国人有中国人的思维、理念和表达方式,因此女阴符号则正符合中国人的含蓄、深沉,也表达了深层的文化内涵。怀着丰收的喜悦下山了,向西边望去一片苍茫,黄河似近在咫尺,又似远在天边,渺渺茫茫,一线明亮的流水挂在了西边的天上。黄河之水,哺育了这片土地,哺育了我们的先民,也哺育了博大精深的黄河文化,于是诞生了优秀的岩画。真是身临其境才知其情、其真、其韵,才知岩画是大地之精,天上之神,人间之魂。

灵武东山·牧羊岩画

作者在《大麦地岩画》一书出版发布会上(2004年9月25日)

归德沟·人面像岩画

夕阳下,云霭升腾,我很知足的下山了。坐在车上我想起了临出发前儿子问我:"如果找不到岩画怎么办?"当时我没有回答他,心想,怎么办?还是那句老话,找不到再接着找。但老天有眼,我终于满怀信心的胜利凯旋。

青龙山·星辰岩画

大麦地·岩画龙

第四章

走向世界之路

图1

图2

图3

图4

图5

岩画与丝路

众所周知，丝绸之路原本是古代经济之路、贸易之路、文化之路，是以商业活动——商业交易为动力进行的东西方经济和文化友好往来的纽带。我国与西域等地的贸易最先是通过羌戎、匈奴、突厥、吐蕃、回鹘等北方游牧民族进行的。自古以来，这些民族就都处在丝绸之路的要道并与之相伴相随。这绝不是一个偶然的现象，而是有着一定的内在的必然联系。

在丝绸之路开辟之前东西经济文化的交往也可以从岩画带的岩画中寻到一些蛛丝马迹。例如，在贺兰山岩画中曾发现有伏羲、女娲的原始形象（图1），至少在新石器时代的黄河流域已广为人知。在南阳画像中，伏羲、女娲正身并列、下身两蛇相交的形象（图2）。武梁祠中也有伏羲、女娲侧身两蛇相交的形象（图3）。

就在丝绸之路的新疆地区也曾发现大量的伏羲、女娲的绢画（图4），这些绢画出自高昌国（499~640），绢画上的人物、装饰是西域式的，而下部是两蛇相交，纯系中国古式，这为古代丝绸之路开通以来各族人民文化交流和联系提供了佐证。

考古工作者还在位于古丝绸之路上的甘肃省武山县西坪出土的新石器时代陶瓶上，发现人首鳞状蛇身像（图5），我认为它是人面蛇身的中华民族始祖神女娲的像。

从考古资料分析，我们的先祖在黄河流域先于丝绸之路就开辟了通向世界之路，为后来的丝绸之路奠定了基础。

佛教是世界三大宗教之一，东汉时沿丝绸之路传入我国并广泛传播。古代贺兰山和阴山一带历来以北方游牧民族为主，他们信奉佛教。在贺兰山岩画旁就有西夏佛字10余个，还有"德法盛苗壮"等西夏文佛家语。在阴山岩画中还发现有坐禅式岩画（图6），以及佛教的六字真言和咒语等。在青铜峡岩画中以及石嘴山大枣沟、韭菜沟，还发现有石刻佛塔岩画。佛教文化沿着丝绸之路传播，这些岩画就是最好的佐证。

从深山来到北京

难忘的 1984 年，我因文物普查踏遍了贺兰县所辖的贺兰山。10 月 25 日我收到了中央民族学院少数民族文学艺术研究所陈兆复先生的一封来信。他说："我们正在编写《中国少数民族艺术词典》，关于贺兰山岩画的词条，经盖山林同志推荐，想请你撰写。如蒙惠允，希于近期内赐稿为感。因为艺术词条，文字之外，希望能有一定数量的图片（字数 500~1000 个为宜）。

另外，我们也在选编全国岩画资料，有关贺兰口岩画的文章，曾在何种报刊上发表过，亦请示知为感。如果你手头有这方面的文章，即使未发表过也可，倘得惠赐，不胜感激。"

就这样通过盖山林先生的引荐我结识了陈兆复先生。这两位岩画泰斗后来都成了我的良师益友。

陈先生的来信对于蛰居在一个小县城的我来说无疑是"好雨知时节，当春乃发生"，到此时，我在岩画界应该算一个"富翁"了。经过文物普查，我已发现了苏峪口岩画、插旗口岩画、大西峰沟岩画、小西峰沟岩画、回回沟岩画。加上早先发现的贺兰口岩画，已经发现 6 处之多了。那时贺兰口岩画文章已是定给《文物》的待嫁之女，同时已完成《贺兰山大、小西

处于丝路要道上的西夏国，可说是丝绸的转运站，其宫廷内设有"丝绢院"，自宋朝输入大量纺织品。20 世纪 70 年代在西夏陵区的考古发掘，出土的大量丝织品残片，种类繁多，质地纤细，工艺考究，色彩绚丽，足以说明西夏国在丝绸之路上所处的重要地位。贺兰山岩画还有西夏人的西夏文题记和马匹羊只、放牧、脚印的岩画，匈奴人的动物和铜牌饰等岩画。这些都从一个侧面反映丝绸之路沿线的各族人民生活情景。

由于阴差阳错，岩画作为丝绸之路的开路先锋尚被世人所忽视，成为被"遗忘的角落"，这实在是历史的误会，当然还得由历史来纠正，以恢复历史的本来面目，这当为我们这一代人义不容辞的职责。

图6

大西峰沟·老虎岩画

大西峰沟·人鹿岩画

大西峰沟·人骑岩画

峰沟和苏峪口古代岩画》论文初稿。因此,他要的词条对我来讲不过是小菜一碟而已。

转眼到了1984年年底,陈先生又来信,说"来信及岩画资料、照片等均已收到,非常感谢……另外,不知我上封信是否向您提起过,我们正在编一本《中国岩画的发现》,来信提及大作《宁夏贺兰口岩画》是否发表在《文物》上,是哪一期?我们准备收此文编入书中。如果期刊一时未发表,可否将原稿先寄给我们编入书中,因为书的出版周期长,当不至于影响期刊的发表。就是出书现在发稿也要一年半载之后出书,期刊尽可以先发表。因为此书最近准备发稿,请及早示复为感。另外还想请代印或代拍一批贺兰口岩画的照片,数量要多一些,有关费用请来信示知。"

中央民族学院少数民族文学艺术研究所在1984~1985年年初,将中国岩画已发表和尚未发表的文章汇于一册,这在中国尚属首次,他们用筚路蓝缕以启山林的开拓精神去完成此项工作,对推动我国岩画的调查和研究,对弘扬我国优秀民族文化艺术,无疑具有创造性的意义。

贺兰山岩画在这本《中国岩画的发现——全国岩画资料选编》中占有重要的一席之地,我发表了《宁夏贺兰山贺兰口岩画》和《贺兰山大、小西峰沟和苏峪口古代岩画述略》两篇论文。在文章的结语中我说了一句近乎狂妄的话:"岩画在中国,岩画学也理应在中国,这是我的心愿。"另外,我还用一小节论证了岩画文字。能在宁夏岩画刚刚起步的时候说出这样的话,可见我那时的雄心和勇气还是很足的。

作者在黑石峁岩画旁(1993年5月)

后来1985年2月14日陈兆复先生来信又说:"我们还想搞一个全国岩画展览,想请您提供或推荐几张质量较好的底片,展出后当署提供者或拍摄者的姓名支付资料费。"这个主意正符合我当时的心态,搞全国性的岩画展览无疑会加大宣传各地岩画的作用,引起社会各界对岩画的认识,唤醒人们对远古艺术的向往与热爱,对于起步中的中国岩画和艰难跋涉中的宁夏岩画会起到推动作用并产生积极的影响。

1985年3月文化厅下文调我到文管会任《宁夏文物》编辑,开始了我的文物事业,8月2日我收到陈兆复来信:"祝贺您调自治区文管会工作,当更能发挥作用。我今年上半年去广西、云南、福建等地考察岩画,现定下星期三(约8月7日)离京去内蒙古、宁夏、甘肃等地考察岩画,我们准备从内蒙古南下直接去贺兰县。"

大西峰沟·虎与羊岩画

8月中旬陈兆复与蒋振民两位先生如期来到宁夏,贺兰县文化科和县政府给予了大力支持,由我和刘伯淳陪同考察了贺兰口、苏峪口、回回沟等贺兰县岩画点,他们对贺兰口人面像、面具岩画尤为欣赏,看得很仔细,爬上爬下不停地拍摄。

考察大、小西峰沟那天,出发时天有些阴,

大西峰沟·狩猎岩画

回回沟·巨牛岩画

中国岩画图片展览会标(1987年1月)

来到山上忽然几声炸雷之后,绵绵细雨就不停地下起来,只好到羊圈等天气好转,一直等到下午四五点,仍然没有停的迹象。我们怕发洪水,只得打着伞冒雨去拍照,只见雨水冲刷的岩画个个似上了光一样,反而比平常更清晰,更生动,更有神韵。后来他们在中国岩画展览时,把这些雨中岩画表现得淋漓尽致,流水中的岩画更显得别样壮美。

他们这一次宁夏之行,在《四万里路云和月——全国岩画考察手记》中这样写道:为了寻访岩画这朵已被遗忘的艺术之花,去年我们走访了内蒙古、宁夏、甘肃、新疆、广西、云南、福建、江苏八省区,行程4万多里……在小西峰沟内的一个断裂的石崖上,密密麻麻,横横竖竖,刻满了五十多个动物,形象准确而生动,和人面像的那种浪漫而奇谲的形象是大异其趣的……苏峪口的回回沟有一幅巨牛,在高达四五十米的山头上,刻出几乎和真牛一般大的画面。牛身的轮廓,画出两三条平行的复线,具有明显的装饰意趣,身内空白处,又刻出5只小羊,顿时使画面活跃起来。

文章生动再现了他们考察贺兰县岩画的场面。

之后,他们告诉我明年(1986年)要办两件大事,一是要出本《中国岩画》画册,宁夏部分由我承担;二是打算通过中国美术家协会在北京中国美术馆举办一次"中国岩画展",希望我提供展品,不要错过了展示宁夏岩画风采的大好时机。

在陈先生考察完全国各地岩画回京不久，10月28日我收到中央民族学院少数民族文学艺术研究所正式通知，为了展览和出版画册，希望提供岩画照片和文字资料。

作者在中国岩画图片展览展板前（1987年1月）

有了这两份公文，我央求马鸣信处长派车，他答应了，我第一次坐上公车去考察青铜峡广武口岩画、石嘴山黑石峁岩画及平罗归德沟岩画。回来后我立即冲洗照片分别寄了出去。

1987年1月9日至18日"中国岩画图片展览"在北京中国美术馆西大厅隆重展出。这次去我仍住在文化部的地下招待所。

这次岩画展是中央民族学院主办、中国美术家协会协办，在美术馆门前竖有巨大的会标。醒目别致，一目了然，很有吸引力。

展出大厅宽敞明亮，在大厅四周和回廊间井然有序地悬挂着各地区的岩画图片，使人赏心悦目流连忘返。贺兰山岩画在我国岩画中有着重要的独特价值，熠熠生辉，引人注目。首先映入眼帘的是那幅气势不凡高居众山之上的巨牛岩画，然后是贺兰口丰富多变的人面像以及黑石峁的群鹿图、广武口的人骑等，向人们展示了贺兰山岩画的雄奇瑰丽，看到这些熟悉的"老朋友"，我为他们高兴，从深山中来到了北京，又从这里走向全国走向世界。

白芨沟洞窟·彩绘狩猎岩画

突如其来的喜讯

大麦地·老虎岩画

卡莫诺史前研究中心,位于欧洲南部的阿尔卑斯山南麓,一个叫卡莫诺的山谷。20世纪50年代,在阿尔卑斯山脉发现了数量多达十几万个的古罗马以前的岩画。为了研究这批岩画,阿纳蒂同一批有志之士来到这个荒寂的山庄,经过30多个春秋的苦心经营,终于在这个高山入云、流水潺潺的世外桃源建立起了卡莫诺史前研究中心,不仅研究卡莫诺和世界各地的岩画,而且推动了世界岩画的研究与交流。如今,国际岩画委员会已经发展为有70多个国家160多个地区拥有近400名会员的国际性学术团体了,成为名副其实的世界岩画研究的大本营。

1988年3月27日我收到陈兆复先生的来信,他告诉我:

"我们最近成立了中国岩画学会筹备组。宁夏是我国岩画的重点地区,我们很希望您能大力支持,并参加一些工作。对于学会章程、人选、经费等方面的问题也请多提意见。现定8月份赴澳大利亚,去参加澳大利亚岩画研究协会第一届代表大会和1988年国际岩画委员会年会。我已替您领来国际岩画委员会会员的表格,请填好发出。

我们正在筹办一个刊物《岩画通讯》,希望能得到您的大力支持,惠寄稿件,短篇报道或其他文稿均可。"

随信他寄来了倡议书和国际岩画委员会章程。

20世纪60年代以前,岩画研究处于自发的个人研究状态。1963年8月21名学者在意大利的凡尔卡莫尼卡集会,建立了"卡莫诺史前研究中心"(CCSP),这是世界上第一个专门研究世界各地岩画的科研组织,它特别致力于组织国际性的岩画专家会议。自1968年起,几乎每年举办一次国际性岩画研讨会和座谈会。1980年10月在联合国教科文组织的支持下和教科文组织"国际纪念碑和遗址委员会"的参与下组建了"国际岩画委员会",在波兰华沙召开成立大会,"卡莫诺史前研究中心"主任阿纳蒂教授被任命为主席,任期 9 年。1987 年在意大利召开的国际岩画委员会年会上,陈兆复教授当选为亚洲唯一的执行委员,在这个国际岩画组织中有了发言权和表决权。

能加入国际岩画委员会是每个岩画界同仁的愿望,它不仅仅是一种荣誉,也说明在岩画研究领域里有了一席之地。

到了 1988 年 11 月 20 日陈兆复先生来信,他告诉我:"最近从澳大利亚归来,在国际岩画委员会的执委会上,已通过您为国际岩画委员会会员。委员会秘书处不久会和您直接联系。特写信向您祝贺。"

陈兆复先生在阅读大麦地岩画
(2003 年 12 月)

阳光柔和地洒在我那张沙枣木做的写字台上,这个突如其来的喜讯使我久久不能平静,我激动地走到窗前,窗台上那盆盛开的太阳菊,透出阵阵清香,我仿佛又闻到了贺兰山幽谷中山花的芬芳,不禁令我浮想联翩,脑海里翻腾着在贺兰山多年跋涉发现岩画并加以整理的种种往事,回味甘苦,百感交集。直到 1989 年春节前,我接到来自意大利国际岩画委员会的一个沉甸甸的邮件,有研究成果之类的表格,有澳大利亚岩画研讨会的简报,还有国际岩画委员会主席阿纳蒂的签名信件。

小西峰沟·狼追马岩画

1984 年阿纳蒂在他的大作《世界岩画研究概况——一份送交联合国教科文组织的报告》中写道:"很有趣的是印度和苏联外,别的

作者在雨后大麦地宿营地（2003 年 10 月）

作者在大麦地作岩画叙录（2004 年 7 月）

远东国家尚有极少数的岩画报道……到目前为止，日本、缅甸、泰国、柬埔寨、老挝或越南还没有可靠的资料。来自中国和尼泊尔以及缅甸的报告主要是有关佛教和后期佛教的地点，看起来似乎史前岩画的主要集中点并不在那里。"这个报告对中国岩画的评语刺伤了我的中国心。实际上陈兆复先生在翻译这篇文章时，他也愤愤不平了，并主动给阿纳蒂写信，告诉他中国已经发现有 100 多个岩画点，其中包括宁夏贺兰山岩画点贺兰口、苏峪口、大西峰沟、小西峰沟等等，而且中国很早就已进行了岩画的研究工作，有一大批从事岩画研究的人员。接着阿纳蒂邀请陈兆复到意大利讲学和学习，在卡莫诺陈先生写出了《中国岩画发现史》一书，从此，中国岩画备受青睐，许多国家的岩画专家都渴望到中国，到宁夏来一睹为快。

贺兰山岩画不仅以独特的风采和诱人的魅力为世人所瞩目，而且有着得天独厚的优越条件，首先岩画内容丰富，造型优美，数量可观，比较集中，岩画点离银川近，交通方便，适宜参观游览，并且地理位置显要，处于黄河之滨，是中华文明发祥地区之一，岩画属北方系统的山地岩画。此外，贺兰山地区风景优美，山高林密，气候宜人，是人们寻幽探微观光览胜的好去处。这里曾经造就了历代英雄豪杰和能工巧匠，也将启迪和造就未来的开拓者与创造者。

以上诸多因素成了在宁夏银川召开国际

岩画会议的有利条件。召开这一国际性学术会议,对弘扬我国优秀的民族文化,开发宁夏促进宁夏地区的对外经济文化交流也具有重要意义。为此,自治区人民政府于 1991 年 1 月 8 日正式向文化部申请于 1991 年 10 月 5 日至 10 日在银川召开'91 国际岩画委员会年会暨宁夏国际岩画研讨会,3 月 30 日文化部复函批准,于是开始了紧锣密鼓的筹备工作。

贺兰口·双鹿岩画

走向世界

斗转星移,春去秋来。'91 国际岩画委员会年会暨宁夏国际岩画研讨会如期在宁夏银川举行。阿纳蒂和夫人不远万里来参加首次在中国举办的岩画会议。

为了更多地了解宁夏岩画情况,阿纳蒂和夫人又特意延长了访问时间,在他即将离开宁夏的前一天我陪同他们参观了苏峪口、回回沟岩画点。这一带岩画是 1984 年文物普查时,由我带领的贺兰县文物普查队发现的。短短几年时光,如今贺兰山岩画产生了巨大的反响和社会效益,却是我始料不及的。

一路上阿纳蒂翻着看图识字学习着中国话,生硬地重复着"您好""1、2、3、4、5、6……"来到回回沟前,满滩石头,汽车无法行驶,只得下车步行。放眼望去,10 月的贺兰山秋色正浓,天高气爽,山仿佛显得格外雄伟壮丽。遍野熟

大麦地·人面像与马岩画

阿纳蒂在回回沟巨牛岩画旁留影（1991年10月）

阿纳蒂是位传奇式的人物，多年担任联合国教科文组织的顾问和国际岩画委员会主席，在岩画艺术界的知名度很高，他把自己的青春年华乃至整个身心都献给了岩画事业，他著述颇丰，很有见地。他创办了世界上第一个研究、保护岩画的科研机构——卡莫诺史前研究中心并担任该研究中心的主任。

透的酸枣挂满了枝头，山榆树却依然葱茏茂盛，而枫叶才泛出一丝红意，虽非春光胜似春光。到岩画点是一段上坡路，路程约2公里，而岩画又在高达约50米的山头上，山脊两侧是深沟，令人望而生畏。阿纳蒂一见岩画立即来了劲头，不顾年迈，弓着腰手扒脚蹬，一点一点硬是爬了上去，他的夫人也不示弱，紧随其后，奋力攀登。

回回沟巨牛岩画展现在阿纳蒂夫妇面前。这幅岩画长2米，高1米，由双线条勾勒磨制而成，很有特色，是我国已发现的最大个体岩画之一，与真牛一般大小。如今它的形象通过各种传播媒介而闻名于世，无论在画册中、书本里，还是在电视中，许多人都看到过它的尊容。真可谓"山不在高，有仙则名；水不在深，有龙则灵"。贺兰山也好，阿尔卑斯山也好，都不算山中之最，然而却因悠久的历史、古老的文化、瑰丽多姿的岩画而名闻遐迩。

阿纳蒂夫妇都是著名的岩画专家，老两口一个口述，一个记录，配合默契。

山风许许如丝，近山远水尽收眼底。我给阿纳蒂在巨牛岩画前拍照。

出了回回沟就到了苏峪口岩画点，每到一处，阿纳蒂都仔细地察看、拍照、做笔记，并同我一道商讨岩画的制作方法以及年代的断定。他为人谦和，工作认真，令人肃然起敬。不觉已是下午2点钟了，大家饥肠辘辘，从山上下来，到了一户农家，这是一处小桥流水人家，院子靠山傍泉,树木葱郁,浓荫覆盖,还堆满了丰收的玉米棒子和正在晾晒的大红枣。淳朴的主妇看到外国客人,拿出刚烙好的大锅盔、红枣、酸枣招待我们,阿纳蒂伸出大拇指连连说好吃好吃,又像孩子似的跑到灶房看这特大锅盔是怎么烙出来的。

作者在宁夏国际岩画研讨会大会发言（1991年10月）

稍事休息之后,又赶赴苏峪口看了几处岩画点,阿纳蒂精神矍铄毫无倦意,尤其对一些孤零零的岩画点特别关注,他说这类岩画易遭破坏,再三嘱咐这种远离群体的岩画应该用栅栏围起来。阿纳蒂的这种珍惜岩画的精神很使我感动。岩画是古代历史文化的遗迹,具有历史、艺术、科学的价值,具有不能再生的特性,因此,必须采取措施进行有效的保护。

贺兰口·类人首岩画

走着,走着,阿纳蒂忽然发现远处山包上有一座土地庙,他问我那儿有没有岩画,我说没有,但他仍然背着相机走了上去。他仔细地查了一遍,确实一无所获才走了下来。这时,太阳就要落山了,山上的羊群都归来了。阿纳蒂来到汽车旁,深情地拍着我的肩膀说:"你熟悉这里的每一块石头。"听到他的赞扬我欣慰地笑了,因为他确实说准了。我曾经多次跋涉这里的许多沟沟坎坎寻找岩画,曾以"踏遍青山人未老,风景这边独好"的诗句激励自己勇攀险峰去探索岩画的奥秘。因为在这里的石头上镌刻着我的事业,那是我的理想,也是我的追求。

树林沟·动物岩画

阿纳蒂也笑了,因为不虚此行,他不仅看

到了魂牵梦萦的中国宁夏岩画,而且也充分地了解到:中国也有史前岩画!

在这次国际岩画研讨会期间,我还结识了另一位国际著名岩画专家,他就是澳大利亚人罗伯特·G.贝纳德里克先生。在参观贺兰口岩画时,一上山,陈兆复教授就叮嘱我跟上贝纳德里克学习他的直接观测岩画的方法。

罗伯特·G.贝纳德里克先生长着一脸似恩格斯的胡子,无形中对他有了一种好感。他大高个子,足蹬胶底翻毛皮鞋,像猴子一样在山崖间来回跳动寻找岩画。然后他从背包中取出一个似显微镜又似单筒望远镜的细长观测显微镜趴在岩画上仔细观察。他边看边说,连比带画,认真地向我介绍他的"直接测年方法"。

在岩画的断代中,岩画的分化情况以及岩画与岩画颜色的变化,哪怕是极细微的,肉眼难以分辨的变化,都可以提供许多年代变化与判断的信息。尤其是通过岩画表层所显示的锈泽或岩漆的比较和鉴定大自然风化而形成的"石亏"(即岩画的棱角由于风化造成的化学的物理的变化,这种经过漫长的岁月侵蚀形成岩画棱角变圆或脱落),就像树木的年轮,一圈一圈,一层一层,都会向我们诉说岁月的变迁和年龄的

1991年10月,澳大利亚岩画专家罗伯特·G.贝纳德里克先生在贺兰口岩画点考察时说这幅岩画有一万年的历史了。

作者与法国岩画专家克洛提斯合影留念(2000年9月)

大小。只要留心，通过不断地观测就可以掌握这种观测的奥妙。

　　贝纳德里克观测了多个岩画之后，对贺兰口南侧上部一个似动物的岩画（此岩画残破）经过多次比较后，他认为这个岩画距今有1万年。他说这个岩画的"石亏"同岩石本身已经没有明显的差别了，色泽相近，自然腐蚀的棱角也几乎变圆了。他对自己发明的直接观测法讲得很细很认真。这种方法在岩画断代方面确有一定的参考价值，可以用作其他断代方法的补充。

贺兰口·人面岩画

　　从山上下来，他来到贺兰口北侧西头石台上的岩画时，一下子拥来了十多位各地岩画学者和专家，他们只顾看贝纳德里克的观测而忘了看脚下的岩画，贝氏一看这么多人踩着了岩画，有的人还穿着硬皮鞋站在岩画上，他不高兴了，站起来推他们，连连喊："踩着岩画了，踩着岩画了！你们应该爱惜它。"

　　看到眼前的这一幕，我从内心敬佩贝德纳里克爱护岩画的精神。一个外国人如此看重中国岩画很使我感动。

贺兰口·人面像岩画

　　经过这次研讨会我同阿纳蒂熟悉了，只要他组团来宁夏都要见见我。在讨论岩画时，他穷追不舍，刨根问底，要搞个水落石出。然而总以各执己见而告终。但不管怎么说这种探讨还是大有裨益的。

　　宁夏岩画已经走出国门，在世界岩画之林中占有重要的学术地位。

贺兰口·类人首岩画

面对远古的呼唤

贺兰口·斧形岩画

贺兰口·图案岩画

有一个特殊的年份，它就是 2000 年，有人说它是 21 世纪的纪元，也有人说它是 20 世纪的最后 1 年。特殊年自然有特殊事，"五一"刚过，一天下午忽然收到银川市外事侨务旅游局长薛刚的电话，要我陪他到贺兰口考察岩画，并且告诉我贺兰口岩画已经由他出面代表银川市政府同自治区林业厅达成协议，正式划给银川市管理了。

他又说："今年要召开国际岩画委员会年会和第二届宁夏国际岩画研讨会，所以我请你协助搞好岩画区的整修工作。"在电话里我连连称赞他做了一件功德无量的事。贺兰口岩画是一块肥肉，谁都想占想吃，但谁也不愿意投资建设；交给银川市这是上上策，因为银川市有这个能力，也有财力保护好管理好开发好贺兰口岩画。

要说薛刚真和我有些缘分。1984 年 3 月贺兰县文化馆创办《贺兰文化》，薛刚任主编，在创刊号上我写的《珍贵的艺术画廊——贺兰口岩画简介》一文，薛刚特意为此写了一段编者按。因此，他后来常说：贺兰口岩画是我发现的，他是最早认识岩画的。这话如果追根溯源的话一点儿也不假。

此次他请我进山，正是岩画事业百废待兴

的时刻,我觉得自己有义务也应该为岩画事业贡献一份力量,能有这样的机会自然我很乐意。我们从苏峪口转向贺兰口时,我看到路边竖立高大的公告牌,沿途已经在加紧修路,工地上一派热火朝天的景象,大型装卸车、推土机、大型铲车在来回奔驰,机器轰鸣,尘土飞扬,好生热闹。这次是专门从苏峪口修到贺兰口全长5.2公里的岩画专用线,为三级公路,由自治区公路局从筑路经费中划拨出400万专门用于开发贺兰口岩画。可以说国家花了很大的力气进行西部开发,同时也说明自治区从上到下,对保护、开发、利用贺兰口岩画动了真情,下决心要办成这件事,办好这件事。

贺兰口·人面像岩画

说实话,贺兰口岩画的保护与开发已经三起三落了。岩画的保护历来是一个难题,客观说不是不想保护而是没有资金保护,各级财政困难,心有余而力不足,没有多余的资金去保护。岩画在山上,路途遥远,上山谈何容易,骑自行车自然是难于上青天,开汽车去也只能是一种奢望,偶尔一年半载去巡视一次,也只能是走马观花,发现少了也只能是少了,被人撬了、炸了、弄坏了以及在风吹日晒中一天天风化,也只好听天由命,顶多骂几句出出气而已,有什么高招?没有。大不了呼吁一下,向上面反映一下。

贺兰口·类人首与斧形岩画

贺兰口岩画最初文化厅和贺兰县委是托付给贺兰口生产队管理,开头保护贺兰口岩画生产队还过问一下,没有任何好处,又没有看

大西峰沟·放牧岩画

大西峰沟·虎岩画

贺兰口无疑是一处文化人类学的课堂和展厅。这里有汲取不尽的文化营养，这里有着丰富的文化大餐，这里总会给人以惊喜和意外的收获。

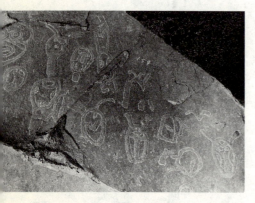

贺兰口·人面像岩画

护费，时间一长就没有积极性了，放任自流了。生产队顾不上去保护岩画，给贺兰山林管所带来了好处。他们有经济头脑，从1987年春天开始收取参观岩画费，也不多，就两三元。美其名曰"入山费"，岩画在山里，要想看岩画就得进山，就得交入山费。

转眼到了1991年，宁夏要召开国际岩画委员会年会及宁夏岩画研讨会，贺兰口岩画的管理与保护问题到了该解决的时候了，但令人不解的是文化文物主管部门和主管人似乎对保护与开发并不十分感兴趣。为了给国际岩画研讨会装门面，他们在贺兰口山门前竖了几块保护标志和题记，守候在山口旁。

那年，就在宁夏国际岩画研讨会后仅一周，时任自治区主席的白立忱在贺兰口亲自主持召开贺兰口岩画保护与利用现场会，他说："要充分认识和宣传宁夏贺兰山岩画的重要意义。这是我国先民留下的一份宝贵历史文化遗产，是我区一大人文景观资源，具有重要的历史、艺术、科学价值，可资研究利用……文化厅要迅速根据专家意见，结合我区贺兰山岩画实际，拟出保护抢救方案，报经主管部门批准，列入计划实施。总之，如何开展保护和组织开展研究，由文化厅牵头，经过协商拿出具体方案办法意见来，由政府研究决定。"这番讲话很明白了，无须再解释。但让人失望的是10年过去了，文物主管部门却没有研究，也没有拿出方案来，一拖再拖，一误再误。

这一切，对于我真是感慨复感慨，无奈复

无奈。然而,历史的车轮转过去了,开始了新的一轮。

这次贺兰口之行薛刚带了位建筑施工单位的唐经理,在贺兰口我们检查了原旅游局的接待室,多年荒废已破烂不堪,面东的墙基轻微下陷,门框上部有裂纹,各个房间经烟熏火燎显得陈旧破败。我们大致研究了粉刷和维修的事,然后到岩画区进行实地勘查,重点研究了修整道路和开辟旅游园地以及岩画保护的措施。

大麦地·射猎岩画

岩画是远古文化的物化载体,是中华先民表情达意的符号工具,也是意识形态和文化心态的形象描绘。

贺兰口入山处,千万年来无路可走,完全是走的人多了便产生了一条自然形成的路,由于踩的人多,石头个个磨得又光又滑,一不小心就会跌倒。这条古道如果再不进行加宽铺平整修,无论如何也是说不过去了。

要开发贺兰口岩画,首先就得保护好岩画,不保护好,没有岩画了,贺兰口也就没有人文价值了。我们又一处一处地研究保护措施,把保护工作落到实处。

贺兰口的生活条件如我几十年前见到的一样,没有太大的变化,人们过着无忧无虑的放牧与农耕生活,不同的是人们有电视看了,男人们有更多的酒喝了。先期到这里管理岩画的曹义,是银川市作协的会员,当过兵,曾在南梁牧场工作过。

老曹一个人守着一座空山,爱喝几口酒,下酒的有一碟花生米,一盘猪头肉,日子过得挺有滋味。老曹的灶房租的是范金福家的房

大麦地·舞蹈岩画

贺兰口·人首三角岩画

尽管岩画的内涵极为丰富,但总有一个跳跃的生命和呼唤的灵魂在支撑着、维系着,这就是贺兰山先民的太阳图腾崇拜。贺兰口岩画中的太阳图腾是由人面符号与太阳符号共同组成了一个完整的太阳图腾崇拜符号系统。这种符号系统是人类特有的能动的把握世界和认识世界的方法。

贺兰口·人面像岩画

子,还是我30年前发现贺兰口岩画时住过的房子,不过改造了一下,3间房子连着,中间房子砌了一个泥炉子,旁边支了个大案板,油盐酱醋一应俱全。北头房子放着木柴和炭,南头房子是卧室,有两张床和一个写字台。开头老曹住在这里,后来由于山前接待室装修,得有人守着,于是老曹就搬过去了,仅在这里做饭。

我在贺兰口住惯了,喜欢这里空灵的大山,看岩画听泉声、鸟鸣、山风,感到是那么舒坦,那么倾心那么悠然自得。这里有羊群、白云、蓝天、石头、绿树、岩画、古墓,满眼的苍凉、浑厚、凝重、豪放,心情是轻松、豁达、舒畅。

来贺兰口之前就预做了贺兰口岩画门票,我拿出几张照片让薛刚挑选,他从中取了3张印在了门票上,我又替他写了说明文字,不久就印好了。从艺术的角度讲这张门票的确不错,不比外省著名旅游点的门票样式差。遗憾的是在排印时把部分文字说明印到了副券上,撕票后一部分文字说明没有了,游人拿到的是看不明白的贺兰口岩画介绍。印了1万张,只能将就将就了。有的游人为了留一个完整的说明只得不撕副券了。

日子过得挺快,7月1日这天下午,太阳快要下山时,突然来了两辆越野车,下来一帮穿着时髦的俊男靓女,他们买了门票就径直进山了。不料过了不一会儿突然跑来一位女士,她大喊:"怎么不见一幅岩画呀,请你帮帮忙解说一下。"我带着他们转了一圈子,他们看得尽兴,照了不少相。结束时要我在门票上签名,并且一定要请我下山吃饭。我只得告诉他们明天有位武警总部的中将要来看岩画,自治区毛如柏书记也要来视察,我不能离岗呀。他们听了也就不再强求请我吃饭了;但硬是塞给我几张票子,算是劳务费还是请吃饭费我还没搞明白,他们便急匆匆地飞奔而去。他们给了我20元,这也是我第一次的导游费。吃晚饭时,我把这20元交给了老曹,说你拿这20元请客费下山买些肉来咱们改善生活吧。第二天一大早老曹就坐着队上的拖拉机下山打酒买肉去了。

为了不枉来贺兰口,我帮薛刚制定了《贺兰口岩画保护、利用规划(草案)》、《贺兰口岩画解说词》(附示意图)、《游人须知》。这些本该10年前搞的规划,没想到10年后由银川市政府完成了。

而这一次收获不只在于贺兰口岩画的保护开发终于走上正轨,对我来说最大的收获是我又一次重新认识了贺兰口岩画,看到了一个全新的岩画世界,我的岩画研究进入了一个新的天地。我从众多的人面像岩画中发现了太阳崇拜的演化规律。使贺兰口岩画人面像由生殖崇拜转到了太阳图腾崇拜的学术范畴,这是一个全新的转变,是一次认识的飞跃。

很快我就完成了《贺兰山岩画的太阳图腾崇拜》论文。

按计划,我们在贺兰口入口处修了一条铺着小石子的防滑水泥路面,在沿山角的岩画旁

贺兰口这种独特的岩画人面结构,作为史前社会的意识文化载体和符号标志,反映了社会体系的结构和人们认识的结构;突出了对生命的热爱和渴望;具体地表现了对人生、对氏族、对温饱饥渴的关心;并通过交感巫术把人与图腾联系起来。回答了一个最古老最困惑的问题:即人是什么?人从何处来,又到何处去?这样一个盘桓在心头的问题。

采自贺兰口岩画区的石器(2001年11月)

原始先民用石器工具创造了自己的生活家园,同时在劳动之余用石器创造了自己的精神家园。到如今,许多岩画,虽然经历了千万年风雪雨霜自然风化的侵蚀,但仍然可以看到研磨、敲打留下的点点痕迹。这些历史的印记在石器的敲击下和研磨中保存了人类早期的思想意识、情感信仰和文化符号。开创了人类文化艺术的新篇章。

大麦地·人物、蹄印、动物岩画

关于汉字起源一般传说是由黄帝的史官仓颉创造的的,东汉许慎在《说文叙》中说:"仓颉之初,盖依类象形,故谓之文;其后形声相益,即为之字。"又相传汉字是伏羲造的,但没有找到依据。甲骨文发现于清光绪己亥年(1899年),由王懿荣首先辨识,从此开创中国古文字研究新的学科和新的篇章。甲骨文发现至今100年了,4500个单字仅识1800个。

修了一条参观通道。后来的实践证明我们的整修方案是可行的、正确的。

岩画带来的好运气

也许是运气好吧,2001年11月20日美国考古学者亨利去参观贺兰口岩画,恰巧那天贺兰口岩画管理处的贺吉德处长也在,他在山上款待了我们一顿,然后去考察山前洪积扇上的岩画。他们走在前面,我随在后面注意脚下的石头,就像石头堆里藏着金子和宝贝一样。多年的考察和研究,已经养成了这种留意的习惯。如今贺兰口岩画区是亚洲竞争世界文化遗产最有影响和最具实力的地区之一。经过先后多年调查研究,尤其是近年岩画普查,先后发现了5000余个个体岩画,数量十分可观,并在岩画区内发现了远古民居遗址和墓葬,丰富了岩画区的文化内涵,提高了岩画区的文化档次,对岩画的产生、发展、演变以及断代提供了可信的证据。亨利对贺兰口岩画的现状很满意,他说这是他看到的最好的岩画地点,环境优美,保护措施得力,令他感到吃惊,大大出乎他的意料。

就在这一天,也大大出乎我的意料,可遇而不可求的机遇使我竟在岩画旁边走边看边采集到9件石器,打算回到家仔细研究认定。

这批石器为石磨棒和石球,最大的长16

厘米,宽9厘米,厚4.5厘米;次之长11厘米,宽4.5厘米,厚3.5厘米,均残;石球为椭圆形,直径5~7厘米。这批石磨棒和石球均为磨制石器,因多次使用和历时久远,石磨棒均残缺不全,但人工磨制痕迹十分明显,展示了残缺之美和力量与智慧之美。这批石器的时代为新石器时代,距今10000~5000年。后来我将这批石器请宁夏考古专家钟侃馆长进一步鉴定,他认定这是一批新石器时代的石器,只是否定了那件石核。

我将这次新发现写成报道后,2002年2月8日《中国文物报》将它列为考古新发现予以公布,可见它的珍贵了。

这批石器的发现,为我们研究贺兰山地区古代自然环境和古人类活动有着重要的科学价值,使我们看到了远古时期贺兰山地区优越的自然环境和茂密的植被以及古代先民劳动生产和狩猎活动的情况;也证实了早期岩画是用石器工具制作的。可以说早在上万年之前,先民们以石攻石,为岩画的制作送来了艺术之光和生命之力。是石器工具促进了岩画的产生与发展。

楔形文字

甲骨文虽早,但在世界排行榜并不早,甲骨文仅在公元前1300年。因此"中国文字西来"说也就不足为怪了。

寻找中国古老文字的方向在何处?只有靠考古新发现。新石器时代的陶器上发现800多个刻划文字,年代不过五六千年。

贺兰口·人面像岩画

在大麦地考察时,住羊圈、睡帐篷对我来说是野外生活时的家常便饭。我们"饭疏食,饮水,曲肱而枕之,乐亦在其中矣"(2003年6月)

重返大麦地

作者与他的三员爱将在骆驼山考察岩画（2004年5月）

没想到,退休闲赋后,我能再次回到岩画研究的世界。2003年3月,西北第二民族学院成立了岩画研究中心,聘我去当研究员,于是便有了重返大麦地的故事。

2003年5月正是闹"非典"的时候,许多人不敢出门,我却领着几个小青年在卫宁北山大麦地又一次以笔为犁,在岩画艺苑辛勤耕耘,耐心而坚韧地临摹着岩画。

大麦地依旧敞开着博大的胸怀接纳我们的到来。有时候我站在山头远眺,青山如涛,壮怀激烈,或者劳作之后躺在铺着黄沙的帐篷里,总有一种似梦似幻的感觉。

我带领热爱岩画的王兴和从银川招来的黄亮、王龙,还有一位是王兴的朋友张锋,踏上了调查与整理岩画的艰苦旅程。

这一次,我们没有住在蒙古族大娘赛音吉家,而是住在金水子羊圈,在废弃的羊圈里支了两顶旅游帐篷,一个里面可以睡两个人,由羊圈的主人刘大妈给我们烧水做饭。住在大麦地可以节省早晚不少时间,恼人是走路太多、太累。我常怀念15年前那一段坐毛驴车的往事,真让人羡慕,眼下有毛驴车我还会乐意坐上去调查。

我沿着10多年前走过的道路,寻找着岩画的踪迹,然后一个一个临摹。这一次可以说比以前任何一次收集的资料都要全。但是,过去许多珍贵的岩画没有了,实在是可惜。

在大麦地期间,有一天刮大风,我翻过金水子东侧山梁,走在沙地上突然眼前一亮,刚好沙子刮过露出了一小堆红陶罐残片,拾起来一看,陶片上有绳纹、划刻纹,数量虽不多,但绝对重要。真是喜出望外,连忙用手帕包了起来。这是踏破铁鞋难觅的宝贝啊!

大麦地昼夜温差较大。大麦地的奇热我们领教够了。这里别看是山区,却没有一处可以遮云避日的地方,向阳一侧山头光头光脑,背阳一侧又平缓如坡,没树没屋,只有站在阳光下暴晒。气温之高如同蒸笼一般,热气腾腾,浑身冒汗,两腿胯子都是水淋淋的。我把温度计

文字是一种社会文化现象,是记录语言的书写符号,是人类社会交际的重要工具,也是人们记录生活、表达意愿的工具。

中国文字的产生、发展、演变的过程,经历了悠久而漫长的时间。甲骨文是中国较早较成熟的文字,但甲骨文不是凭空而来的,也有一个继承发展的过程。

我们在大麦地岩画中发现符号1500个,最引人注目的是其中有类似文字的图画符号,并且还发现了图画文字与符号相混合使用的古文字,即图画文字向符号文字过渡阶段的文字。这种早期岩画文字的象形性与汉字中的象形字非常接近,由此推断它是古汉字的前身,应该属于早于甲骨文的原始汉字。这种岩画文字或词或词组的发现,无疑对中国文字的起源具有重要意义。

把这些岩画归于"岩画文字"主要依据是:这些岩画通过丽石黄衣测

甲骨文字

我们在大麦地的"家"（2003年10月）

定在距今8000~7000年，远远早于其他文字；它不是随意镌刻的，如同其他众多岩画一样，是有感而发有为而作，已经由作者赋予了表意的内涵。另外，"岩画文字"已具备了中国象形文字的具象性，在甲骨文与陶器刻划中找到大致对应的形象。最后，"岩画文字"由两个以上的象形符号组成，有了文字的空间结构，基本上做到了象形字、会意字、指事字结合构成文字的要素。由此可知"岩画文字"已经具备了古老文字的要素，是中国现存最古老汉字的源头。

大麦地·人牵骆驼岩画

放在地上测了测，一般在45℃、46℃，偶尔有过52℃，但只要到这个温度，立马不知从哪里飘来一块云彩，响过几声雷后接着劈里啪啦下起雨来，只是雷声大雨点小，地皮还没湿就云过天晴。

不过大麦地真是下起雨来那可是够疯狂的，也是挺吓人的，闷雷一个接一个，又是闪电又是霹雳，接着就是倾盆大雨。尤其是晚上，那种炸雷似有万钧之力，蛇形的闪电爬满了山头，可以想象远古时代人们只能是祈求神灵保佑，只能匍匐在大自然的脚下。我们的那个小帐篷哪是大雨的对手，不一会儿帐篷就被水淹了，成了小河的游船。最恼人的是半夜里下雨站没处站，睡没处睡。有一次半夜下大雨，我们几个人挤在2米长的土炕上，身子动都动不成，眼睁睁地等到天亮。

过去，我一直对大麦地有一种如歌如诗的浪漫情怀，我对这里的山山水水、一草一木，每一幅岩画都怀有深厚的感情，对它们寄寓了说不尽的真情厚爱。尽管我到过许多地方，也看过许多名山大川，但总觉得还是贺兰山和卫宁北山最美最好，这两座山具有挡都挡不住的魅力，只要是闲暇时，总想到山里来看岩画，太过瘾了。这一次领教了大麦地的严酷，一想起火一样的太阳，一想起无处躲藏被烤出油来的滋味，由不住的发起怵来，过去那种诗一样的激情被太阳烤焦了。

为了防晒我们买了凉篷和遮阳伞，不必东

躲西藏了。谁料,大伙坐在伞下吃饭,猛得一阵狂风把遮阳伞吹飞了,只好躲到凉篷下吃饭。这风越刮越大,凉篷上下扇动,就像大海的行船一般,饭里刮的都是沙子,只好都挤在那间仅有几平方米的伙房里,炕上坐的,地上站的,满当当的塞了一房子,只听得呼噜呼噜吃面声。

我们驻地叫金水子。我想可能是说这里的水极为珍贵的原因吧。在羊圈东头 200 多米的山崖下有一眼井,原先牧民用水全靠这口井,水甘甜清冽,是大麦地唯一的一眼井。我们来时,由于禁牧只剩下一个空圈还有一间小土屋,而且炕也塌了,门窗全无,水井也被风沙掩埋了。为了洗脸洗脚用水,王兴领着大伙掏沙子,竟也挖出一个坑,积了有洗衣盆那么大的一汪水,撒了些消毒粉就算是能用了。后来那点水也干涸了,只好不洗脸不洗脚。

有一亏必有一补。在羊圈前的山垭里,有一个被山洪冲出的大涝巴坑,里面积了不少雨水,我们每天收工后就争先恐后来到这里洗脸洗澡洗衣服,这儿成了我们的澡堂。可惜这汪水有限,开头几天还能用,后来就发黄发酸谁也不敢洗衣洗澡了。路过看着这汪水觉得挺可惜。在羊圈前的山沟背阴处,有 2 个不大的小山洞,过去放羊的就在里面储存过菜,我们也把它当菜窖,买的各种菜和矿泉水都放到里面,既清凉又保鲜,是天然的冰箱。

在金水子前方大山上,有一个叫黑石梁的地方,那儿山石如同人工砌筑的城堡,石头错

作者在大麦地宿营地(2003 年 10 月)

作者在大麦地(2003 年 5 月)

作者(右)与谢玉杰院长

是臣服与投降的记录

与定季节有关,称为时令

贺兰口·人物岩画

落有致,层层相叠,壁立如墙,十分壮观,而山顶上石头又犬牙交错,难以立足。王兴在山顶上拾到一截子带骨头的白色粪便,连说,李老师你看,这是狼粪!我一惊,拿过来一看可不是嘛,白色的里面确有似兔子骨头还掺着兔毛。听说过去大麦地狼不少,现在没有了,也许是狐狸的粪便吧,不管是不是我们得提高警惕,不怕一万,就怕万一,小心没大错。

大麦地是一块荒凉的不毛之地,但并不是没有绿色。在大麦地四周的山沟沟里仍有一些生长茂盛的酸枣树,一棵棵,一丛丛,绿得煞是可爱,绿得就像抹了油一样,为寂寞的荒山增添了不少生机和活力。

一天下午,我正在山崖下喂一窝小鸟,忽听得摩托车的轰鸣声由远而近,原来是赛音吉大娘派家里人来接我。

沿途的山还是原样,一些有特点的地方还是那么熟悉那么亲切,不由使我想起了当年坐毛驴车的那段往事。时间过得真快呀。

10年改革开放,10年大变样。如今大娘家也是旧貌换新颜,盖起了一排崭新的红砖房,有了风力发电机,看上了大彩电,买了摩托车,还建了一个能存放几十吨水的地下水窖。一切都变了,令我兴奋,令我喜悦。岁月不饶人,大娘也老多了,腰更弯了,但眼力尚好,一眼就认出了我,埋怨我10年没有来了。大娘让家人宰羊为我接风,我劝也不听,只好客随主便。

洗了脸,喝了奶茶,我就出去看住过的老

房子。一排土坯房还是原样子,不住人成了仓库,里面堆着羊皮和杂物,墙上的旧报纸和美人头挂历都不见了,代表那个时代的信息消失了。我站在地当中默默地回忆着15年前一桩桩往事,那是令人难忘又令人缅怀的岁月,小小的油灯,红红的炉膛,热气腾腾的面条,慢悠悠的毛驴车,寒夜中如泣如诉的歌声,明亮的北斗七星,烧烤麻雀的燎毛味……真是百感交集,往事如烟,心潮难平。

早先大娘门前的草地还长着一些稀疏的牧草,如今光秃秃的更加荒凉。我告诉大娘要种一些牧草,不然很快就会沙化,到那时再治理就会难上加难。

吃过香喷喷的羊肉,我乘天还亮就离开了大娘家。我衷心祝福她健康长寿。

离开大麦地的那天下午,我们收起帐篷,打好背包,卷好资料,依依不舍地要回家了。我一个人跑到山上,对着大麦地磕了几个头,向她告别,并感谢大麦地无私的奉献和厚爱。

称为友好或对话

称为地址

对雨水的祈求

大麦地·人骑岩画

表示羊遇蛇惊吓逃跑

临走前,我想起张艺谋在影视城拍电影《红高粱》后,把自己穿的球鞋埋在一个旯旮里留作纪念。我也如法炮制,乘大伙吃饭时,把我穿的那双旧球鞋装在塑料袋中埋在了大沙滩上一棵柠条旁。给大麦地留个纪念,代表我陪伴这雄伟的山和永葆青春的岩画。

表示狩猎丰收

表示春天或秋天

大麦地·人骑岩画

早晨在大麦地驻地升起的袅袅炊烟

再接再厉

游牧人的宇宙观

游牧人对天体的崇拜和敬仰，来源于对天体的企望和需要。游牧人对天体的认识即天道观，从生存的意义上讲，的确具有生死存亡的关系，在现实生活中不能想象一个草木枯黄、漫天飞雪与风沙的世界能维系游牧民族的生活，而风调雨顺，五畜兴旺，政通人和，此乐何极。这才是游牧人理想和企求中的游牧世界。然而这一切的一切都同大自然相联系着，是幸福与苦难的维系，是生与死的搏斗，是苦与乐的呼唤，春夏秋冬，斗转星移，大自然的无穷变化与游牧人息息相关，就像机体与生命结合一样，是他们须臾不可分离的。恩格斯说："必须研究自然科学各个部门的顺序的发展，首先是天文学——游牧民族和农业民族为了定季节，就已经绝对地需要它。"[①]在游牧时代即游牧社会，其文化系统必然为游牧文化，这种以岩画为代表的文化特点是时间早，且延续时间长。从考古学角度看，游牧文化至今延续有数万年。这些早期的岩画从造型上看有着动人心魄的震撼力和艺术魅力，使我们得到启迪和深化。这些岩画的艺术创作，除了牧人之外还有巫与觋(实际上巫与觋是最早的画师与医师)。总之，他们从审美的角度认识世界，用自己的所见所闻去表现生活，从而产生了人类早期具有现实主义精神与浪漫主义精神的艺术作品，并以真情实感的描写，再现了当时人类环境和个人的种种感受。因此，岩画就会有许多真知灼见和亲身感受。其中许多对天道观的描绘或天体的崇拜就十分真实可信。天球河图、草木山川、风雨雷电，纵横捭阖，包罗万象，令我们大饱眼福。

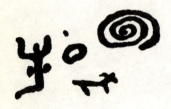

贺兰口·星象岩画

大麦地·拜天地岩画

---

① 恩格斯. 自然辩证法. 北京：人民出版社，1964 年，第 149 页

补上了银川市岩画空白

沿贺兰山一带贺兰县境内发现的岩画既早且多。著名的有贺兰口岩画、苏峪口岩画、大西峰沟岩画、小西峰沟岩画等 7 处。后来,在永宁县境内发现了红旗沟和柳渠口岩画,唯独在银川市区境内的贺兰山上没有发现岩画。岩画如同一个美丽的花环,沿 500 里长的贺兰山的各市县都先后发现了岩画,然而到了银川市区这儿忽然花环断了,出现了缺口。这不能不说是一个缺憾。

这一段区域里究竟有没有岩画呢？为此,银川市文物管理所曾经采取拉网式的方法进行过岩画调查,但终因选择地段失误而功亏一篑。我也曾不甘寂寞,趁上小口子游玩时在山石上找岩画,也以失败告终。但我一直不死心。

为了填补这个缺憾,1989 年 5 月间我打算去考察贺兰山三关一带岩画。三关口西夏时称克夷门,是银川的西大门,地势险要,古代历来是兵家必争之地,谁占据银川都得守住三关。出了三关往东就是无遮无拦一望无际的银川大平原。如此重要的地方不会没有岩画吧？于是决定去考察一番。

一天清晨我买了一张到贺兰山三关口的长途汽车票坐上开往阿拉善左旗的头班车,开始了我的三关之行。

岩画是原始先民讴歌生命,赞美生命的壮美篇章和充溢着生命之光的心曲。

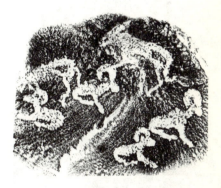

大麦地·狼与羊岩画

大麦地·狼与羊岩画

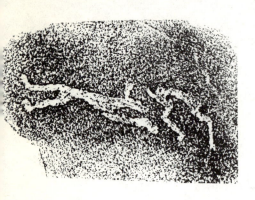

大麦地·狼追羊岩画

大麦地·狩猎岩画

汽车爬上贺兰山的三关洪积扇大坡，云蒸霞蔚紫气东来，山下西夏陵似近在咫尺。如《嘉靖宁夏新志·文苑古冢谣》中所描绘的"贺兰山下古冢稠，高下有如浮水沤"，真是再恰当不过的形容了。

在汽车上我结识了一位中年男人，他也到三关。他看我身着蓝色解放服，头戴草帽，背着大包小袋，对我的这身打扮感到惊奇，猜不出我是干什行当的。便问："你是做什么工作的？"

"进行野外调查"。

"调查什么？"看来他是要打破沙锅问到底。

"调查岩画"。

"什么是岩画？"

"岩画就是刻在石头上或绘制在石头上的画。"我比划着说。

"噢，石头上刻的画。不瞒你说，我去的地方就有。"他坦诚相告。

"真的？"我惊讶地问。天下竟有这么巧的事，我简直不敢相信会遇到这么好的事。

"真的。我经常从旁边过，看得可清楚了，就是不懂是什么意思。"

原来他是山里一位开矿的业主，经常到矿区，路过时在岩石崖壁上看到过岩画。

车到三关站，我们下了车来到一个叫喜鹊沟的地方，沟名象征着吉利美满。过去我调查岩画全部在贺兰山东麓一带，到贺兰山西麓调查岩画还是第一次。以往贺兰山西麓留给我的印象是荒漠草原。1984年文物普查时曾从苏峪口登上贺兰山两个自治区划界的分水岭，看到贺兰山西麓就很荒凉。眼前的喜鹊沟却是山清水秀，风景如画。这儿绿树成荫，山花烂漫，喜鹊喳喳，令我赞叹不已。

我们到一处有羊圈的地方，他朝北侧山崖上部指了指："你看，那不是你找的岩画吗？"哇！真是岩画，老大一片，初战告捷，喜不自禁。

"前头还有呢，快走吧。"他催促道。

我们向大山深处走去。拐了几个大弯，山石光滑发亮，我不由放慢了脚步观察起来。他走得快，为了赶时间他顾不上我了。

"再往前就没有了，你自己看吧，我还有事就不陪你了。"说完，他急匆匆地向深山走去。

"谢谢你了。"我十分感谢他的帮助。

我一个人在深山中来回找了几趟也没有找着另一处有岩画的地方。最后，我也没有信心了，只得返回到羊圈有岩画的地方。

在羊圈的西北侧高8米的山崖上有9组岩画，内容有动物北山羊、马匹、鹿，还有狩猎岩画，另外还有4个人面像。其中一个大的人面像同贺兰县苏峪口路边一块巨石上的人面像相同，尤其是面部纹饰完全一样，当时我就惊呆了。苏峪口在贺兰山东麓，喜鹊沟在贺兰山西麓，两地相距至少几十公里，怎么会有完全相同的人面像呢？是一个时代的作品吗？是一个人所为，还是一个部落所为？种种疑虑在脑海中翻腾。这真是费解的难题。

荀子《非相篇》中说："然则人之所以为人者，非特以二足而无毛也，以其有辨也。"其意为人并不仅仅是有两条腿身上不长毛是人，而是人有识别、有认识，会讲道理，有思想。所有这些功能和特长都与人头（人脑）有关。可以说自古以来人们就看重人头（人首）。

归德沟·人面像岩画

归德沟·人面像岩画

大麦地·猎虎岩画

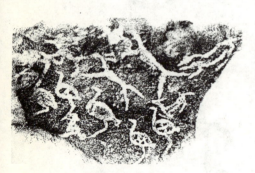

大麦地·猎鸟岩画

　　在羊圈北侧的山石上我又找到了几组岩画,不过都很单调,几乎是清一色的北山羊。此外,在沟的南侧山石上有白灰写的两组梵文六字箴言,以及零星的北山羊岩画。

　　出了喜鹊沟上公路,来到贺兰山东麓一带山峁上寻找岩画,几乎将山包全找遍,再无发现,然后便转向路南寻找。

　　路南的山石特别,每一个山包上的岩石层面和节理面层次分明,有些像青铜峡广武口铁矿附近山头的岩石状况。按理说这种层次分明的岩石应该有岩画,但偏偏没有。只能说明这里有制作岩画的岩石条件而缺乏制作岩画的生态环境。据观察,主要是缺少充沛的水源,人们无法生存也就无法制作岩画。可见,并不是所有光洁发亮的石头都有岩画,只有有灵气的石头上才有可能绘制上岩画。

　　我爬上一个又一个山头,翻过一条又一条山水沟,在茫茫大山里,在空旷的荒野里闯荡着、寻找着。虽形孤影单但并不可怕,静静地观看着,静静地沉思着。

　　跑累了,我就坐在山头上喝着水,有滋有味地啃着饼子、嚼着榨菜。看着峰峦起伏的群山,看着飞翔的雄鹰。心想:寻到了岩画当然好,真的没有岩画也了却了一个心思和一分悬念。不管怎么说,我来过了,调查过了,有了发言权。

　　下了山,我又来到山沟观察,有几处沟边,山石高大、平整、光洁,我仔细地看了又看,摸了又摸,确实没有岩画的踪迹。太阳偏西了,不能再继续寻找下去了。只好来到公路旁等候回银川的汽车。

长途汽车来了,我上车一看,售票员还是那张熟悉的脸,原来是我早上坐的那辆头班车。天下竟有如此凑巧的事,是这辆车送我到三关,还是这辆车又接我回银川。这一天的岩画考察未达到理想的目的,但还是发现了内蒙的岩画地区,同时也留下了许多美好的回忆。

1996 年 7 月 14 日也就是三关口考察后的第七个年头,我们一家陪同来宁的远方亲戚到著名的风景旅游区滚钟口去游玩。这一次我仍然没有放弃寻找岩画的机会。多年来我已养成了一个习惯,只要看到山,总认为上面会有岩画,少不了趴在车窗上向山石上瞧。这一次老天有眼,在汽车临近一巨大堆积岩石的瞬间,我仿佛看到了隐隐约约的岩画形象。我大喊:"停车! 停车! "司机立即停了车,大家都不知道发生了什么事。

"好像有岩画,我下去看一看。"我说着跳下车跑了过去。

果然有岩画,我看到了藏匿在堆积岩石上的岩画。它们默默地隐藏在这里等待着被发现被认识的一天。一等就是几千年,终于迎来了一片喝彩声。

我妻为我描绘过不少岩画线图,却是第一次真正看到岩画。外甥女拿着录像机把岩画一一录下来,我在忙着拍照、测量、做记录。

岩画文化承载记录了先民们生活的方方面面,作为其中重要组成部分的服饰描绘,为我们打开了一扇通古鉴今的交流窗口。通过对贺兰山、大麦地岩画中服饰形式的探讨,先民服饰的制作工艺、服饰功能、服饰样式跃然画中。古岩画描绘和诠释了时尚的历史,通过古今服饰的比较,可以发现,民族的传统服饰就是远古人类文化的活化石,继承和发扬古老的岩画服饰,对今天的新风尚、新艺术仍具有影响力。

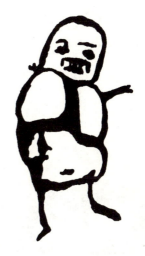

大麦地·穿马甲人物岩画

滚钟口，又名小口子，是宁夏首府银川市的风景名胜区。这里三面环山，面东开口，恰似一口大钟。这一带属于贺兰山中段高山地区，山高林密，水源充沛，气候宜人，是人们寻幽观光览胜的好去处。

滚钟口西侧主峰一个叫青羊溜的山塬上，有西夏遗址。在山沟两侧台地上，现存有清代以来的许多寺庙道观，还有亭台楼阁，石刻题记随处可见。

另外，这里盛产远近闻名的贺兰石。约距今 13 亿年前，在"海绿石"的下部有一层杂色砂质基岩，其中夹杂着铁质、锰质的渗透物，经过自然力的长期锤炼，变成质地细腻、清雅莹润，并杂有红白斑点的珍贵石料——贺兰石。如今贺兰石成为宝贝了，做成各种各样的工艺品，就是一枚小小的印章料价格也不菲。

滚钟口岩画均分布在山坡洪积扇的巨大堆积花岗岩石上，海拔 1300~1400 米，岩画的内容大体是纪实性，描绘了当时人们的信仰和崇拜，以及人们的生活场景和所见所闻。在

大麦地·鸟与狼岩画

大麦地·马、驼与鹿岩画

岩画中的动物多为北山羊、鹿、黄羊、马,还有人骑、狩猎形象,艺术地再现了古代游牧人的社会风情和狩猎、游牧的生活。岩画造型古朴、粗犷、奔放,比例适中,生动逼真,动感强烈,洋溢着旺盛的生命力和艺术魅力。

大麦地·群羊岩画

这批岩画的制作方法,早期的为减地阴刻研磨制作,即先绘制出轮廓,然后经过通体加工研磨。由于经过长久的风化作用,岩画线条比石面颜色稍浅。尽管磨制的岩画比较光洁平整,但个别岩画仍然显得模糊而难以识读,给人一种神秘的感觉。

此外,在制作上还有凿刻而成的马匹,形象生动、逼真,膘肥体壮,惹人喜爱。总之,古代先民们在花岗岩上制作出岩画实在不容易,其精神令人钦佩。

大麦地·人面与动物岩画

经过分析比较,早期岩画约在新石器时代,晚期岩画约在西夏前后。滚钟口岩画的时代大致同贺兰山其他地区的岩画时代相当。

如今,贺兰山北起惠农县、石嘴山市,向南过平罗县、贺兰县、银川市、永宁县、青铜峡市,接着是卫宁北山的中宁县、中卫县,五百里贺兰山与卫宁北山都发现了古代岩画,有上万幅,组成了一道蔚为壮观的古代艺术画廊,形成了完整的岩画体系,为研究古代民族、历史、文化、艺术、宗教提供了大量的直观的形象资料。

银川市区境内岩画缺环终于补上了。

从滚钟口回来,我们把岩画录像放了一

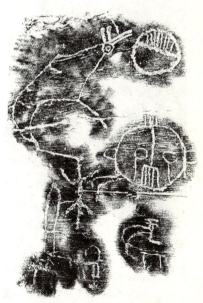

贺兰山·人面与鹿岩画

岩画是一部人类最杰出的鸿篇巨著,他顶天立地,在青藏高原的无人区,在波涛汹涌的大海边,在茫茫的沙漠里,无处没有他的身影,无处没有他的笑脸,无处没有他的沉思和记忆。

遍,画面清晰,对话有趣,打算复制一盘送给电视台播放。只可惜这盘带子没有录完,说再等等复制,没料到后来在游玩中让小偷把录像机偷走了,连机子带盘子全都落入了"三道头"的手里。让大家共同享受发现岩画的快乐也就此泡了汤。

我估计滚钟口岩画绝不仅仅这一处,等到以后闲暇时再去寻觅吧。

大麦地黄羊

1993年春天,宁夏启动第四批全国文物保护单位申报工作,文化厅决定由我和沈自龙整理宁夏岩画的上报事宜。我们确定申报岩画的重点地区是:石嘴山市的黑石峁岩画区、归德沟岩画区、贺兰县的贺兰口岩画区、青铜峡市的广武口岩画区、中宁县的黄羊湾岩画区、中卫县的大麦地岩画区。我们一路风尘,爬山拍照、拓片、整资料,最后一站是大麦地。

去大麦地那天,坐着北京吉普,一路还顺利,没想到进入大麦地苦井沟西边沙梁时,突然冒出来一群黄羊,跑过来围着吉普车看稀罕。在大麦地岩画中就有许多黄羊的优美形象,挺着双角,迎风而立,不可一世又活泼可爱,是这片土地上的原生住户和主人。黄羊,称普氏原羚,又称中华对角羚,属于我国特有的濒危动物。黄羊体长约1米,公羊有一双较短

黄羊(采自《文明》2005.1)

而尖的犄角,有突起的环纹,母黄羊无角。黄羊耳短小,颈部细长,四肢细,尾巴短小,春夏秋季毛色发黄,体重 25~30 公斤。黄羊一般生活在广阔的草原、丘陵和半沙漠地带,身体健壮而轻盈,听觉视觉灵敏,弹跳能力很强,是草原和荒漠中的精灵。

几年前,我与朱存世赶着毛驴车在调查大麦地岩画时,就在这一片看到过黄羊,黄羊也常常跑过来看我们。这次我们看到咫尺之遥的黄羊,立即兴奋异常。这可是个真正的稀有动物,伸手即可摸到一样,只见它们在汽车前上蹿下跳,露出臀部一大块白色的圆斑,一蹶一颠围着我们转,它一点不怕我们,跑一跑,停一停,把身子一扭,又回过头来看着我们,然后又跳着跑了,一个个轮流表演,一会儿不见,忽然又如精灵一般从沙包后边露出头来。

黄羊(采自《文明》2005.1)

我们在车里弯着腰站了起来,司机小王更是由着性子开车,追着黄羊撵,连喊带叫。只见汽车扬起一股又一股飞尘,太高兴、太刺激了。

乐极生悲。从来没有这么近距离的看见过黄羊,而且在草原上追逐、撒欢。正在兴头上,只见汽车一头撞进沙坑里,哼哼几声不动弹了。我们下车一看,个个都傻眼了,汽车前后轮都埋在了沙土里。然后我们就开始了搬石填坑、铺路、推车的重体力劳动。再看远处,黄羊连影子都不见了,只见太阳偏西要落山了,而我们救车工程还遥遥无期。最后,我们累得一点力气也没有了,都躺在沙地上喘着大气。

作者在具茨山岩画点(2008 年)

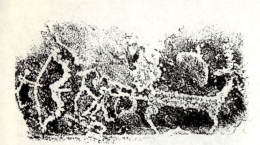

大麦地·射鹿岩画

贺兰山·赛马岩画

作者在贺兰口岩画点（2000年）

天黑了，汽车仅前进了约10米，仍然陷在沙坑中，最后决定由我去找赛音吉大娘搬救兵，他们俩原地待命守汽车。最后的结局自然是皆大欢喜，大娘一家人扛着锹拿着铣，不一会儿就把汽车推出了苦海。

下了汽车，又骑上了毛驴，在大麦地转悠了几天，七沟八梁重新调查了一遍，拍了不少照片，拓了一部分精彩岩画，足足装了一袋子。心想，有这么多宝贵资料，都是真凭实据，都能说明问题，然后再写一个申请报告，大麦地岩画申报国家级文物保护单位应该是十拿九稳的。

我那时一心想把贺兰口岩画和大麦地岩画申报成国家级文物保护单位，因为这两处岩画点太精彩了，数量多、质量高、又集中，是宁夏岩画的荟萃之地和集大成，在世界上也是数得上的藏宝育珍之地，不论同任何岩画地区比较都是出类拔萃顶呱呱的，大麦地不仅是中国的，也是世界的，无论在中国或在世界都应该有她的一席之地。申报成功无疑会更好地保护大麦地岩画。然而，出人意料的是，1996年12月国务院公布第四批全国重点文物保护单位中，仅有贺兰口岩画（含贺兰山岩画），而大麦地岩画落选了，个中的原因可能是大麦地岩画地位特殊，又相当敏感，大麦地正好地处中卫县与内蒙古之间，横跨两省、两县（旗），划给谁也不行，也不便管理，只好作罢。

我是李老师

2003 年 2 月,西北第二民族学院(如今的北方民族大学)成立岩画研究中心,想去到大学当岩画教授的宁夏人还真有几个,偏偏人家聘了不争不抢的我,对我来说似乎是情理之中又出乎意料,但我很有信心也有抱负,真的是想干一番事业。说来也有意思,我在上初中的时候正逢 1957 年"反右"派,批判丁玲的一本书主义,到底什么是丁玲的一本书主义我并不清楚,但是却给我种下了一本书主义的种子。我的父母是搞科研的,他们忙碌了一辈子也没出过一本书,所以我少年时代就认为出书是高尚的事业,是知识的象征。我得补上这个空白,而且要多出几本书,要超过丁玲的一本书主义。这就是我的奋斗目标,也许这是个笑话,也许此念很荒唐,反正实话实说。

作者在大麦地岩画点(2007 年)

我当上了大学的岩画教授(研究员)自然很得意,但压力也大,一方面得看大量资料充实自己,一方面要计划怎么做好自己的本职工作,不能丢人,也不能让学校失望,得真抓实干,让大家瞧瞧。

2003 年 3 月我报到上班,考虑的第一件事就是如何进行大学的岩画工作,从哪里开始,如何进行,结果如何,我都要想明白,学校的岩画事业真的如白纸一张,画什么、怎么画

大麦地·狩猎岩画

每当朝霞晚霞出现的时候，岩画上就会出现美丽的红晕，使岩画产生一种如梦似幻的景观。这是大自然投送的媚眼，也是光与影交织成和谐的旋律，仿佛是荒原中传来渺茫的歌声。

我要拿主意。我首先想到的是到大麦地去，那里是一座岩画宝库，是一座岩画山，有无穷的宝藏等着去保护、开发，去调查研究。后来，中央民族大学教授，国际岩画委员会中国执行委员陈兆复先生，他当面问过我为什么要从大麦地开始进行岩画调查和研究？我们是老朋友了，我告诉他，因为大麦地岩画过去无论调查和研究都是不深、不透、不细，我要补上这一课，不然我太对不起那些岩画了。他听了我的话，点了点头表示同意。

大麦地仅占卫宁北山的一隅，面积约 20 平方公里，可分为两大区，岩画分布于七沟八梁一面坡上，岩画的分布密度之高是我过去很少见过的，有许多精彩与传世之作，内容丰富，

大麦地宿营地（2003 年 5 月）

题材众多，制作精细，有人物、人面像、动物、狩猎、舞蹈以及生产、生活场景，还有不少表情达意的文字符号，是一部岩石艺术的画册和"百科全书"。

　　我通过简单考试挑选了几个学生，又准备了相机、GPS定位仪、海拔仪、拓制工具、塔尺、用具等就出发了。来到大麦地，我两眼发愣惊呆了，完全变样了，发生了巨大的变化，只见一条长龙般的铁丝网翻山越岭横在眼前，远处传来隐隐的放炮声，给我的感觉来到了战火纷飞的中东，来到了巴以边界。

　　大麦地怎么变成了这个样子了？过去汽车可以通行的道路挡住了，似乎被围了起来。我到中卫县放羊的石房子造访，原主人早已被撵走了，这里成了内蒙古的地盘，现在的住户是赛音吉大娘家铁格勒旦弟弟的住家，铁格勒旦也住在不远的山凹里。一打听才知道，宁夏为了禁牧、为了保护草原，在宁夏与内蒙古的边界上筑起了一道钢铁长城，泾渭分明，汉界楚河两重天，把大麦地分割了，自然岩画也被分割了。这使我想起了，几年前盖山林先生带着中央电视台来拍岩画纪录片，他就说这里是内蒙古的地盘，我还同他辩论了一通，把盖先生也得罪了。现在看来盖先生真是说对了。

　　不管怎么说，大麦地岩画人为地分开了，我再人为地把它合起来，岩画可以分属两地，岩画写到了书上就合二为一了就成整体了，我要让分散割裂的兄弟团圆，这是我的使命和

大麦地·生殖巫术岩画

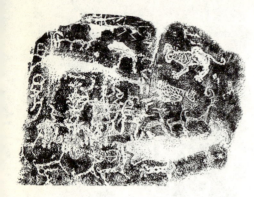

大麦地·狩猎岩画

义务。

在大麦地的日日夜夜里，我手里并没有大把大把的钞票，仅有几千元，只能住在大麦地的羊圈里，我同我的学生们一起同甘共苦，我也不想给学校增加负担，我是一个宁肯挣死牛，也不让翻了车的人。每天早起晚睡，有时走路太多而累得难受，只得打电话召来汽车回银川休息。

我选拔的几个学生，可以说个个都很优秀，他们身手不凡，多才多艺，每个人都画得一手好画，画谁像谁，画什么像什么，在工作中认真踏实，做出的线描图和拓片都是一流的，每幅画都是艺术品。他们个个口才出众，每天晚上在帐篷里点上蜡烛就开始了文艺演出，有学赵本山的，有学宋丹丹的，演得惟妙惟肖，活灵

在大麦地拾柴做饭（2003年）

活现。我最欣赏也最开心的是，他们学我说话，而且学得几乎滴水不漏，听得我开怀大笑。宁夏话并不是普通话，听起来怪怪的。原来宁夏话就是这种腔调，听别人一学就觉得很有味也很可笑。

在大麦地，有乐也有苦，这儿远离繁华，远离尘嚣，是一方被人们遗忘了的荒苑，每天干着重复而单调的工作，又总有令人惊喜的发现，年轻人的热情驱走了枯燥与烦恼。我们乐在其中在这里我们只能坚持再坚持，没有一个当逃兵的，工作的繁重，生活中多有不便和窘迫的时候，有过因缺水而不洗脸不洗脚的时候，有过没柴烧没菜吃的日子，也有过下大雨无处安身的时刻，但种种困难都没有难倒我们，我们靠信念、靠意志、靠智慧战胜了困难取得了胜利。后来上海古籍出版社摄影师方伟来了以后，我们的生活改善了，我们的日子富裕了。总之同以往一样，没有白干，没有白辛苦，用了两年的时间，收集岩画线图3172幅，含个体岩画9432个，拍摄了千张照片，由西北二民院与上海古籍出版社出版了8开本煌煌4大本《大麦地岩画》文献。此外，我在大麦地发现了制作岩画的原生铁矿石、红陶片、石斧残片等，在大麦地众多的符号岩画中我发现了图画文字，引起了学术界的关注。

在大麦地流过汗也流过血，我无怨无悔。我很知足，也很富有。因为在岩画这个世界里，我们用双手给今人、给后人留下了丰厚的文化

岩画是留在石头上的史诗长卷，岩画是记录在石头上已逝去的时代杰作。同时，岩画是一种消失之后已焕发青春的文化。岩画文化积淀太深厚了，上万年的文化集于一身，以至于令人难以相信：这荒山野岭、千山万壑能开出如此艳丽的文化之花，结出如此丰硕的艺术之果。用千锤百炼，用千刀万凿也无法比拟创作的艰辛和呕心沥血博大精深的独运匠心。

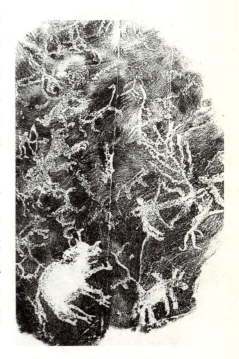

大麦地·树下狩猎岩画

作者在考察阴山岩画（2007年）

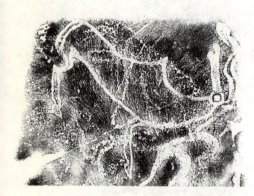

大西峰沟·斯基泰岩画

财富。

　　我的这几个学生，后来都远走高飞了，有的还干出了一番事业，我打心眼里为他们高兴，为他们骄傲。我常想，他们在大麦地的经历，增长了才干，丰富了人生阅历，在他们人生的道路上，无疑是一段可贵的历练和精神财富。他们对得起大麦地，大麦地也对得起他们。

忘不掉、放不下的岩画

　　提起小西峰岩画心头就发热。

　　小西峰沟动物岩画很多，以山羊为大宗，其次有马、鹿、狗、狼等，造型优美，形象生动，栩栩如生。人物像不多，但都有个性，或行走或跪拜，表现了敬天地鬼神的情景。最主要的是那幅巨制游牧风情图，不仅十分精彩而且描绘了游牧的场景，整个画面气势宏大，构图有章有法，相互衬托又互有联系，是不可多得的艺术佳作。

　　20世纪80年代，自治区文物普查时，为了节约经费，大伙轮换着骑毛驴，走一走，骑一骑，尽管很累很苦，但我们的生活是充实的，欢乐的。

　　带队考察完贺兰口，苏峪口，插旗口，回回沟等岩画之后，又一次来到小西峰沟，青山常在，岩画依然年轻。一天我正在描摹岩画，突然听到孙吉军大喊:"李老师,羊在吃我们的饼子。"我扭过身一看,一群羊正围着我们的书包争着撕扯报纸包着的口粮。说时迟,那时快,小孙捞起一块石头就扔了过去,我眼睁睁地看着那块石头不偏不倚,正落在一只羊头上,只见那只羊挣扎着摇晃了几下就趴下了。

我说他:"你吓唬吓唬就行了,怎么就打倒了!""我就是想轰跑羊嘛。"说完,我抬头一看,吓了我一跳,放羊的就站在我头顶的巨石上,刚才那一幕他看了个真真切切,也听到了我们的对话。

放羊的小伙子穿着一身黄军装,背着一个黄军包,手拿一根放羊棍,人长得十分秀气,他一句话也没说,从山上下来,抱起羊,赶着羊群走了。看着他的背影我感慨万分。当时,我就真想听到他的骂声,哪怕骂一声,出出气也行,哪知他一声不吭,真是"大言稀声"啊!

几年后,为出版《贺兰山与北山岩画》一书,我与朱存世挑着担子又调查了一遍大、小西峰沟岩画,路过白虎沟时天色已晚,实在走不动了,想在羊圈住一晚上,谁知冤家路窄,又遇到了在小西峰沟那个放羊的小伙子,这一次他说话了,对不起,没地方住,我自认倒霉,咬着牙挑着担子又走了10里山路才赶到了驻地。

自从《贺兰山与北山岩画》专著出版发行后,我就再也没有去过小西峰沟,小西峰沟岩画的信息也从此中断了。

斗转星移,2004年夏,中央民族大学中国

人面像岩画是一个既亲切又古老的题材,是人类对自己的认识,人类对自己的理解、人类对自己的觉悟,是第一自我的表现。同时,人面像岩画又是对神灵鬼怪、对超自然的认识和理解,是第二自我的表现。总之,人面像岩画是人类多元文化的产物,是万物有灵、神话传说、图腾崇拜、祖先崇拜的精神产品。人面像岩画是环太平洋广大地区特有的文化现象,具有同族同源同文化的属性。

归德沟·人面像岩画

大麦地·同心协力围猎岩画

大麦地人骑岩画

岩画研究中心的龚田夫教授一行到贺兰山考察岩画，临走时他们告诉我，小西峰沟的岩画没有了，只剩下一堆石头，当时我的心情就很沉重，心就像被针扎了一般，后悔当初不该发现他，要不然他还会默默无闻地存在下去。

但是，冥冥中我又有一丝期盼、一丝挂念，不大相信这是真的，纵然是消失了我也得看个明白。2006年9月10日，北方民族大学岩画研究中心在调查贺兰山岩画时，我怀着忐忑不安的心情来到了小西峰沟，踏上这片土地后，没有多久，我就欣喜地看到了岩画，十几年过去了，它们依然美丽壮观，我不由得放声大喊："你好，你好。"声音惊天动地，久久在山谷间回荡。而龚田夫教授之所以会说岩画没有了，是因为他们走错了路。

小西峰沟岩画依然完好无恙，我曾经的担惊受怕也就不足挂齿了，我想，小西峰岩画保存完好，究其原因：其一：石嘴山市文管所认真地管理和守护着这片岩画，韩学斌和艾宁经常巡视检查。其二，除了文管所之外，还有一支义务管理员，就是贺兰山自然保护区的护林员，他们不仅守护着山林，也守护着岩画，他们都长着鹰一样的眼睛，谁进山，干什么去了，他们都一清二楚，不要说偷岩画，就是偷根木头也知道。再说，没有文管所的通知，他们也绝不放人进山。看来文物管理所与护林员或当地文物保护员结合，这是保护岩画的好办法好经验，值得各地推广和效仿。

再续岩画情缘

　　800多年前岳飞写下了流传千古的《满江红》一词,"驾长车,踏破贺兰山阙",成为激励后人的豪言壮语。

　　2006年,北方民族大学岩画研究中心的科研人员,又一次踏上了雄伟壮丽的贺兰山,开始了岩画调查的征程。

作者在苏峪口岩画点(2005年)

　　贺兰山雄踞我国宁夏的西北部,长约250公里,一般海拔1500~2000米。因为山中有着数以万计制作精美的岩画而名扬中外。过去虽然也进行过岩画调查,也出版过有关著作,但由于时间匆忙、资金不足等原因,致使贺兰山岩画的调查与研究相对滞后,造成记载叙录不完整,难以反映贺兰山岩画的全貌。

　　为了弥补缺憾和不足,北方民族大学岩画研究中心凭借自身人力、学术、物力资源雄厚,组织有生力量,在上海古籍出版社大力支持下,2005年出版《大麦地岩画》文献四卷本之后乘胜前进,于2006年春,开始向贺兰山进军,决心以准确、翔实的记录和优美的形象再现贺兰山岩画的壮丽画卷。

大麦地·动物岩画

　　无限风光在险峰。岩画调查是一项极为艰苦又细致的工作。贺兰山岩画分布面广,有开阔的山口地带,也有险峻的山中腹地,还有山前洪积扇区,而且分布星散,地点多又互不联

作者在昆明参加国际人类学与民族学大会（2009年）

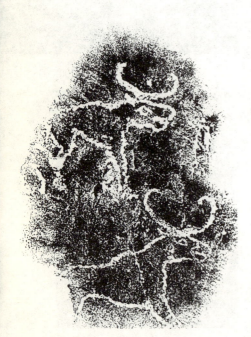

大麦地·野牛岩画

系，加之道路难行，主要靠步行，给调查带来诸多不便。常言"远路无轻担"，仅饮水每人至少带3~4瓶，人人负重都不轻。

为了调查贺兰山北部大西峰沟岩画，我们和上海古籍出版社的摄影师方伟一道乘车到山脚下，然后步行。过去有条上山的路，现在废弃了，变成了羊肠小道，仅能骑摩托车上山。俗话说，"望山跑死马"，看着山近，实际上至少有10公里山路。方伟的摄影器材又多又重，有20多公斤，全靠人背肩扛。上山原本就很吃力，背上几十斤重的器材可想而知是何等辛苦，但大家热情高涨，轮换着背，汗流浃背，气喘吁吁，每一步都得付出极大的代价。千辛万苦来到岩画点，天公又不作美，刚架起相机，飘来一大团云，淅淅沥沥下起了雨，没有躲雨的地方，匆忙中拍了几张照片，又匆忙往回跑，个个淋得如同落汤鸡。回来一看，拍得不理想，过了一天，又背着器材上了山。这次拍摄得满意了，每个上山的人都穿破了一双运动鞋。

上大西峰沟调查还算平常，最辛苦的是到归德沟。归德沟位于贺兰山北部，山大沟深，泉水中生长着一种无鳞鱼，不足2寸长，是贺兰山中唯一的一种鱼类。岩画点位于贺兰山腹地，从沟口到岩画点约有15公里，我们去的时候还没有修路，汽车无法进行，仍然是人背肩扛器材上山，归德沟七拐八弯路途遥远，给人一种永远也走不到头的感觉，为了调查岩画，纵然有天大的困难也得克服，只能咬着牙向前走,硬是靠两条腿来到岩画点。这里有许多珍贵的人面像岩画,仅次于贺兰口岩画点人面像,而且造型优美、新颖、别致。不同于贺兰山其他地段的人面像,看到这些奇特的人面像岩画,不仅是一种艺术的享受,也给人许多启迪和熏陶。站在岩画下,迎着拂面的山风,一切疲劳、辛苦都烟消云散了。岩画给了我们无限的欣慰和快乐。这一天,我们从早上7点出发,直到晚上9点才从山里出来。

为了拓制和描摹归德沟岩画,一般汽车进不了山,我们特地在大武口租了一辆农用车,开车的老郭是河南偃师人,50多岁,略显清瘦,但精神头十足。租一天车要价也合理,仅250元,当时就说好了。然后我们下了学校的面包车坐上了老郭的农用车,归德沟满沟都是大小不等的石头,颠簸得十分厉害,汽车好不容易开过乱石滩,忽然老郭停车不开了,说车没汽油了得回去加油。早没汽油晚没汽油,偏偏在这节骨眼上没有汽油,真是又急又气又无可奈何。怎么办?汽车没汽油就等于人没口粮了,总不能空着肚子跑路,只得下车让老郭回去加汽油。老郭走了,我们坐在路边的石头上干等,过了1个钟头仍不见踪影,大家都说老郭嫌路难走不愿意去了,肯定这一回去就再不回来了,商量来商量去,我只好决定让学生们先走,不管老郭来不来到岩画点,工作最重要,不要耽误时间。于是我留下等老郭,学生们急匆匆上路了。我等得好苦,站一站,坐一坐,望

四眼井·羊与鹿岩画

大麦地·人与动物岩画

作者在大麦地考察（2003 年 9 月）

大麦地·狩猎岩画

眼欲穿，既看不到老郭的影子，也听不到汽车的声音，无数次的失望，又无数次的希望。深谷沉寂，山峰高耸，云卷云舒，百无聊赖又心焦似火。

快到中午时分，果然听到汽车的声音了，老郭满脸歉意，不好意思地说，他加上油几次不想再来了，赚不了几个钱，路又难走，何苦呢，但又想把我一个老头子抛到山里头，没吃没喝良心上过不去，只得硬着头皮又回来。对于老郭的守信和诚意我很感动，在物欲横流的今天，这种品格不仅可贵也值得学习。

我们两个人一路上并不顺利，两次车陷在沙坑里，又是掏又是挖又是填，真是吃尽了苦头，一直到下午 4 点多种我们才赶到了岩画点。

这次岩画调查去时虽然千辛万苦，但回来时却十分顺利，大家坐在车上又说又笑，都没有料到这位河南人老郭是一位实实在在的好人，他用行动感到了我们每一个人。

临别时，我拉着老郭那双长满老茧的双手千恩万谢，赞扬他为人实诚可敬可佩，给他车费时我多给了他 50 元以表谢意。当时的想法很单纯，很朴素，就是不要让老实人吃亏，好人要有好报。

去麦汝井岩画点那天，出发时天气尚好，没料想来到岩画点却风云突变，天变阴了又刮起了大风。先上去一部分先头部队，风大把他们刮了下来，都说干不成。我一听就火上心头，这点困难算啥，再说几百元租车来到麦汝井，刮风就退回去实不甘心。我大吼一声："跟我上！"大家只得顶着风登上了麦汝井山顶。山风的确不小，在拓制时山风一次次吹飞了拓片，我们就脱下衣服蒙在石面上，几个人围在四周形成一面挡风墙。工夫不负有心人，在大风中仍然拓出好拓片，顺利完成了调查任务。

作者（后）与盖山林先生在一起（2004年）

　　白芨沟岩画在贺兰山岩画中占有特殊地位，因为在白芨沟内有一个大山洞，洞窟内有赭石绘制的彩绘岩画。去白芨沟岩画点路过白芨沟煤矿，采煤的石块堆满了山沟，有10多米高，不时从上边滚下大石块，如同泥石流一般，一不小心就会造成车毁人亡。为了描摹白芨沟岩画我们架起梯子，人站在梯子上紧贴着石壁，如同壁虎一般。

　　插旗口岩画位于贺兰山中部，这里山高地险，风景旖旎，流水潺潺，是一处绝佳的旅游胜地。而这里岩画却分布在险峻的山崖之上，要描摹岩画十分困难，没有立足之地也没有抓手的地方。为了取得资料只能冒险去攀登，那天朱磊自告奋勇要上去，我们在下面看着他的每一个动作，起初还顺利，他爬了上去，用胶布固定了画纸，也描得很准确很认真，快完成任务时，也许站累了，也许大意了，他左手一松，只见他身子一晃就从上边跳了下来，他从6米高的山崖上跳到一个石台子上，又一跳落到了更低的石台子上，最后一跳落在了地面上。这连着的"三级跳"真够惊心动魄，我把心都提到了

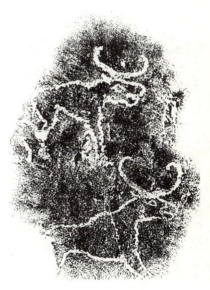

大麦地·野牛岩画

作者在考察阴山岩画（2007年）

大麦地·车辆岩画

嗓子眼，多亏了他手脚灵巧，没有伤着身子。松了一口气，我当即掏出一盒好烟奖给了他，他也很得意地给每人送了一根。

石马湾因为有岩画马匹而得名。位于贺兰山的最南端，这里山势峥嵘，山弯又多，如同迷宫一般，要找到岩画点十分不易。为了寻找岩画，中宁县文管所董全仁所长开着汽车拉着向导两闯石马湾，然后他才带领我们去岩画点。如果没有他实心实意的帮助，我们就不可能看到那么多精彩的岩画了。

此次贺兰山岩画调查，还有一个额外的收获。在林管所宋军的帮助下，新发现了驴尾沟岩画点。这是一个十分重要又十分精彩的岩画点，山高林密、风景秀丽，岩画分布在山口北侧一公里的山石上。

在进行贺兰山岩画调查的过程中，我们还采集到一些含铁量较高的原生铁矿块，我们就地做试验，完全可以成为古代先民创制岩画满足创作的欲望、进行交流和表情达意的工具。那些轻重、大小合适，手感适宜，有一定硬度的原生铁块，无疑就是天然制作岩画的工具，或敲或凿或磨，成为人类早期制作岩画的最原始的，也是世界上最先进的"铁器工具"。有了这些先进有力的工具，我们的先民们才能在岩石上刻、凿、磨下这些岩画形象和符号，并能进行文化、思想、意识、经验的交流和传递。

仅仅经过一年的努力，北方民族大学同上海古籍出版社通力合作，以神奇的速度、准确的资料、优美的形象以及大容量,大气魄出版了三卷本豪华精装《贺兰山岩画》文献,继四卷本《大麦地岩画》之后,又一次创造了岩画调查研究和出版的奇迹。

《贺兰山岩画》文献,第一册为彩色照片,收录岩画 697 幅;第二册为拓片,收录岩画 963 幅;第三册为影描图(线图),收录岩画 1413 幅,三卷册总计收录贺兰山岩画个体达 5000 多个。这些资料,是贺兰山岩画中最精粹、最典型、最优美的部分,是当之无愧的贺兰山岩画主流。

三卷帙的《贺兰山岩画》文献,在世界岩画史上也是不多见的,为我们民族争了光,为贺兰山岩画申报世界文化遗产打下了坚实的基础。

现在,我从心底里感到无限欣慰和自豪,几十年理想和愿望,终于开了花结了果,丰收了。此时此刻,要感谢国家民委、北方民族大学、上海古籍出版社以及我的同人们、学生们,是我们大家艰苦奋斗共同创造了历史奇迹。

《贺兰山岩画》文献,可以藏之南山,传之后人。如同高耸的贺兰山,屹立在世界文化的崇山峻岭之上,展示我们民族的创造和伟业。

岩画的内容大致上由现实、历史、神话(传说)3 个方面交织构成,这种充实又活泼的内容就足以升腾起浪漫的情调和欢乐的思想,充溢着游牧的旺盛生命力和豪放炽烈的激情。加之,制作岩画是许多自由、天真、淳朴的民族,那么由他们手中产生的岩画也必然没有各种思想的束缚和拘谨,而显得大气磅礴生动多彩。

岩画的天地是一个天真烂漫无所畏惧的广阔世界,没有儒家教义的严肃,没有道家的神秘,倒是有点巫教的疯狂和热烈。因此,岩画中充满了狂放的气势和奔放的性格,一切都在奔跑、射猎、战斗、欢乐、舞蹈,在运动中在狂欢中在活动中显示生命的可贵和力量的展示。这种运动的旋律,是一个处于上升飞腾战胜困难民族心理的表白,也是对前途、对命运、对力量、对生命的赞礼。

发现驴尾沟岩画

作者在驴尾沟岩画点（2007 年）

贺兰口·人面像岩画

贺兰山岩画早在 20 世纪 80 年代就闻名遐迩，成为许多岩画专家和岩画爱好者的朝圣之地，这里有上万幅岩画，是一个硕大无比的艺术文化宝库。贺兰山岩画经过 20 多年的调查研究，可以说大致分布状况和岩画资料已经记录在案了，很难再有新的发现和突破了。但是，过去由于时间匆忙，力量和资金有限，贺兰山岩画的调查研究与记载叙录工作并不准确和完整，制作岩画线描图也不规范，留下了许多遗憾。为了弥补这些缺憾，此次北方民族大学岩画研究中心组织有生力量，抛开过去的成绩，从头开始，从零开始，踏踏实实地又一次进行艰苦的岩画调查与研究工作，用我们的汗水和辛劳，以笔和相机为犁辛苦耕耘，决心以崭新的面貌，准确地再现贺兰山岩画的壮丽画卷。

工夫不负有心人，2006 年 9 月的一天，我在进行岩画调查时，忽然发现贺兰山有一处地貌很独特，凭过去发现岩画的经验，认为此处应该有岩画，而以往的岩画记录中又没有这个地点。

我请教向导宋军，他说这个地方叫驴尾沟，见到过几幅岩画，但数量不多。有岩画，过去又没有调查过，我十分兴奋，决心去闯一闯这个禁区。

　　坐上宋军的摩托车,挎着相机,向驴尾沟飞奔而去。来到山脚下,满滩石头,只得下来步行。

　　来到驴尾沟,我发现这里山势雄浑,自然环境优美,长着许多酸枣树和山榆树,是一处幽静而神秘的地方。如同许多有岩画的山口一样,在这种适宜游牧人生存的好地方,多半都会有新奇的发现。所以,在驴尾沟能够发现岩画也就在情理之中了。

　　岩画分布在山石北侧一线,长约一公里,岩画呈立体式分布,不看不知道,一看不由人大喜过望,哪里是几幅岩画,而足足有近百幅,约200个形象,无疑这是一次重大的发现。

　　驴尾沟,真是一个古怪的名字,考证其名,可能是沟内有岩画毛驴而得名吧。这又是一个叫人难忘又回味无穷的名字。如同贺兰山的另一些地方,其命名均与岩画有关,如石马湾,就因有马匹岩画而得名。那么,驴尾沟,也是因为毛驴岩画而得名。我们估计,驴尾沟这个名字一定很古老了,只是驴尾沟具体由谁命名,什么时间命名,至今仍是个谜。

　　驴尾沟岩画内容有人物、人面像、人骑、手印、符号以及动物驴、马、羊、虎、鹿等,还有人物弯弓搭箭狩猎的姿势,并且有许多神秘的重圈。

　　这批岩画人面像造型奇特怪异,不同于贺兰山岩画人面像,属于一类新的风格,在众多

驴尾沟·岩画文字

我国是一个有着悠久历史和灿烂文化的国家,从旧石器时代、中石器时代、新石时代到文明时代,其历史长达万年以上,各个时期的文化连续发展,是世界上唯一从蒙昧到文明诞生以来绵延不绝的国家。岩画是中国传统文化、民族文化的传承和发扬光大者,以直观的形象和符号,延续了文化的生命,锻造了我们艰苦奋斗、百折不挠、开拓创新、热爱艺术的民族精神。

驴尾沟·人面像岩画

的贺兰山岩画人物中,驴尾沟人物造型新颖别致,姿态婀娜,充分展示了人体的优美和高雅。至于那些动物,更是描绘得生龙活虎,动感强烈,尤其是毛驴形象,生动逼真,活灵活现,惹人喜爱。

更令人惊奇的是,在驴尾沟南侧高达20多米的悬崖上,发现了一组由4个岩画图形组成的文字题记。这方岩画文字宽25厘米,高60厘米,呈纵行排列,画面向东,研磨制作。如果看图识字的话,上部似人面像突出双目,其下为重圈,再其下又似两个人面像。也可以把上部的岩画看成是男根、重圈是女阴,或者可解释为人类对太阳的图腾崇拜。这方岩画文字,是人类创世纪的宣言和记录。

这组刻在高达20多米的悬崖上的4个岩画文字(或符号),已经具有了中国象形文字的具象性与表意性,不仅有一定的空间结构,而且在书写形式上有先后有层次。我们古代先民不惧危险制作在悬崖之上,可见用意是非同一般的,或表达某种意义,或记录某一事件,或表达某一愿望,或表示对某事物的认识,或表示对某信仰的崇拜等等。尽管我们还不完全理解这组岩画文字(或符号),但毫无疑问这种组合已完全符合文字组成的要素与规律。

岩画文字,也可以称之为"前文字",是为了进行交流和表情达意而创造出的文字符号。

古老的历史,悠久的文化,就记载在"前文字"——岩画中,释读和理解这些"前文字"就成了岩画研究的重要课题。

神奇的贺兰山岩画和驴尾沟岩画，已经载入了北方民族大学编著的《贺兰山岩画》文献丛书中，有兴趣者或有志于研究者不妨翻一翻这部奇书吧，肯定会告诉你许多许多奇闻轶事，并从中得到熏陶和启迪。

驴尾沟·毛驴岩画

火石寨岩画

在山花烂漫的季节，我们来到西吉县火石寨。我们的向导是西吉县文管所所长李怀仁，他是一位文物专家。

火石寨乡位于西吉县城北约 20 公里，横跨西吉和海原的月亮山，逶迤连绵，沟谷深邃，鸟语花香，绿草如茵，是镶嵌在陇西黄土高原上一颗璀璨的明珠。

这里是一座壮观的地质公园，有美丽雄伟的丹霞地貌，高大突兀的山峰，绿树葱茏，雄奇与伟岸并存，千沟万壑，群峰斗艳，把大千世界装点得分外妖娆。

火石寨乡有文物古迹和风景名胜区 10 多处，著名的有扫竹岭石窟、石寺山石窟、石城堡、岩画等。此地不仅风光旖旎有着江南水乡的秀丽，而且洋溢着西北黄土高原的雄浑和壮观，更引人入胜的是这里荟萃了众多的历史名胜。这里着重介绍扫竹岭石窟和火石寨岩画。

扫竹岭石窟在火石寨乡南 5 公里，因产毛

驴尾沟·毛驴岩画

火石寨·人物岩画

中卫市香山·野猪岩画

竹而得名。石窟又名石窟寺,皆选择河畔天然山崖峭壁上开凿的佛教寺庙,是融建筑、雕塑、绘画于一体的综合艺术形式。佛教寺庙和石窟寺是佛教徒念经修行的地方,所以多在山高林密风景秀丽而清净的环境中,以摆脱世俗的干扰。扫竹岭的地形特点是山高石奇,环境幽雅,山石为微红色沙岩,石质硬度适中而均匀,近水足利宜于开凿和制作精致石雕造像。面南山形,状似浮图(佛塔),下部粗壮而向上收缩,呈半圆形,从中部开凿洞窟,分五层排列,洞门似宝塔窗口,石台似塔檐,别具一格。其优点冬暖夏凉以防冬季寒风袭击又便于石窟保护,是理想的石窟选址。山高约120米,山脚流水潺潺,山头云雾缭绕,气势磅礴,使人敬仰之情油然而生,不由不被古代佛教慧眼所折服。据《万历固原州志·山川》记载:"扫竹岭,在州西北百余里。其山高峰峻,危桥深洞,骨悚目骇,虽强虏控弦,不敢仰视。土人借此以备虏,且祠真武神,俗称西武当云。"由此足见扫竹岭至少在明代已经是大名远扬的名胜区了。

登临石窟由东北角拾级而上,面南洞窟相间有序,各层有踏跺与斜坡连接,个别地段洞窟间由栈道相连,几根长木架设,悠悠哉如悬空一般。登上石窟极目远眺,天苍苍野茫茫,群山环抱,翠林欲滴,熏风吹得游人醉,有一种飘飘欲仙的感觉。现存有大佛殿、玉皇阁、菩萨殿、牛王殿、阎王殿、万寿殿等大小石窟30余孔,基本上为方形窟门,洞窟形制多为长方形平顶式，少数圆形穹隆顶，造像所剩无几。保存较好的大佛殿，进深 9 米，宽 6.1 米，高 5.5 米，形制平顶，有佛造像一身，高 5 米，似唐代遗风，面相丰腴，肌肤圆润，身姿婀娜，温婉妩媚，有贵妇人之仪态。另外，个别洞窟有壁画，多已漫漶不清，仅可看出是为人行孝的故事。

火石寨·人物岩画

由火石寨向西北行程 7 公里有一个普通的山庄叫武家庄，20 多户人家依山而居，一群活泼的孩子们听说我们是来看唐僧像的，前呼后拥的引导我们进入了一条向北的山沟。沟的两侧高山对峙，险峰如镞，行至约 2 公里的地方，坐东面西的山崖下有一个自然形成的长方形石龛，进深 1.8 米。长 9 米，高 3.2 米，石质为红沙岩，石面自然平整适宜作画。

火石寨岩画有 30 个人物图像，由于岩石粗糙，线条显生硬平直，形象生动高大易于识读。大致分析为一群僧人和弟子画像，较大的人物头戴僧帽，身着迦裟，仪表堂堂，似有一僧骑在马上，当地人戏称唐僧取经，确实有那么个意思。

这处岩画为阴刻线条制作，个别人物面部五官齐全，一般不讲求透视原理，不分远近，但大致比例适中，突出重点人物，似有主次之分。总体说岩画是有感而发，有为而作，反映了崇佛敬僧的虔诚之意。这处岩画内容可能与附近石窟的开凿有一定的联系。这些图像与其说是岩画，不如说成摩崖造像，但说成是岩画更恰当一些。因为这批岩画是阴刻制作而成，线条

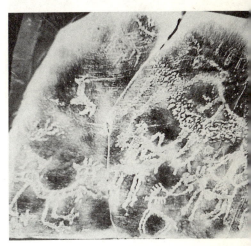

大麦地·射猎岩画

清晰明快,人物比例适中,从制作方法分析,具有岩画的特点。前国际岩画委员会主席、联合国教科文组织顾问阿纳蒂教授曾在 1984 年《世界岩画研究概况———一份送交联合国教科文组织的报告》一文中说:"很有趣的是,除印度和苏联外,别的远东国家只有极少数的岩画报道,到目前为止,日本、菲律宾、缅甸、泰国、柬埔寨、老挝和越南还没有可靠的资料。来自中国和尼泊尔以及缅甸的报告主要是有关佛教和后期佛教的地点,看起来似乎史前岩画的主要集中点并不在那里。"如今,在神州大地上发现了大量的史前岩画,这已不是什么新闻,而是人人皆知的常识了。就宁夏来说贺兰山、卫宁北山的岩画就在万幅以上,并有许多珍贵的史前岩画,然而后期佛教的岩画反而成了稀罕的艺术品了,也很少可以见到了。在西吉县火石寨的深山中有这么一处后期佛教的岩画,这不能不说是固原地区和西吉县的骄傲。

火石寨不愧是一处有着灿烂历史文化的藏珍育宝之地。

火石寨·丹霞地貌

跋

吃水不忘挖井人。首先感谢自治区党委宣传部、西北第二民族学院，是他们资助出版了这本书。

历史是真实的，也是有情有义的。前些年许多朋友都劝我应该好好写写我搞岩画的事。说得也是，我也觉得发现和调查岩画的经历和痛苦的心路历程确实曲折复杂而且富有戏剧性，于是 1997 年开始尝试着写了不少。1998 年我用了 1 年的时间修改，此后便束之高阁。现在，这些文字终于变成了铅字，我很珍视它，一点儿也不比我曾经出版的岩画专著和发表的论文逊色，因为它是心声的流露，是真善美的赞歌。

贺兰口·太阳神岩画

岩画是一个冷门的学科，但它有无穷的乐趣，正因为如此便有了吸引力。

在我进行贺兰山贺兰口岩画调查和研究的初期，岩画是一个清静、安详、没有纷争的世界，这里充溢着神秘的色彩和不解的困惑，与世无争，没有干扰，没有喧嚣，是一方没有污染的山野。我那时是这里唯一的造访者，轻轻地

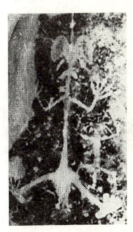

贺兰口·巫觋岩画

大麦地·动物与符号岩画

大西峰沟·虎岩画

大麦地·豹扑动物岩画

叩击着岩画的大门，每天闻鸡起舞，坐在山坡上静思默想。至今我仍然十分怀念那段平静的考察生活。接着，我带领贺兰县文物普查队踏遍金山村的各处，又有了新的发现。

后来，这儿就不平静了，来往的过客多起来难免就要发生矛盾，有了矛盾便有了故事。

再后来，我又背着行囊，挑着担子或骑上毛驴，去征服一个又一个岩画高山，充满了探险的趣味，于是便有了许多经历和趣闻。林林总总归结起来，便形成了这本书——记录我亲身经历、充满了探险和求索的书。

岩画又是一门深奥的学科。时至今日，在我国著名学府历史系、考古系、艺术系的课程表上还没有设立这门学科。可以说岩画学的建立还尚待时日。但是，岩画这个属于艺术、美术、考古、宗教、历史的综合性的学科，却有着无穷的生命力，也有着无穷的乐趣和烦恼。正因为这样，岩画也就有了魅力。通过这么多年的岩画调查和研究，我坚信：如今在有岩画的荒山野岭上，在遥远的时代一定是山清水秀的地方，是人们的美好家园。那个时候人类与各种动物和谐地生活在一起，过着无忧无虑的生活。由于人们的贪婪和无序地滥伐植物，滥杀动物，无节制地放牧，造成自然生态恶化，人们终于受到大自然的惩罚。从此一天天青山绿水消失了，家园荒芜了，人们被迫落荒而逃。如今，只有岩画仍然坚守着这片土地，向后人讲述着古老的故事，也讲述着曾经有过的繁荣和兴旺。让我们接受这些惨痛的教训吧，爱惜一草一木，爱惜野生动物，与自然和谐相处。

我现在最大的心愿是贺兰口岩画能成功申报世界文化遗产。这不是神话也不是梦想。因为贺兰口岩画内容极为丰富，在千万年的历史长河中积淀了深厚的文化内涵，有图腾崇拜，有神话传说，有绚丽多彩的民族风情，有极为丰富的文化、艺术、历史的宝藏。

岩画是诗，是史，是人类文化中最早和连续性的篇章。联合国教科文组织顾问、前国际岩画委员会主席阿纳蒂教授曾高度评价欧洲史前岩画是"西方文化的基本部分，对它的研究无疑有助于深入考察欧洲文明的根"。我们也一样，在岩画中找到我们宁夏文明的根。为了成功实现申报世界文化遗产，我们还有许多工作要做，眼下就是要把岩画作为国宝保护好，利用好，管理好，尽快将银川岩画博物馆高质量高水平地建设好，让更多的人看到我们宁夏神奇美妙的岩画艺术。我相信，贺兰口岩画申报世界文化遗产的成功之日，也就是银川市真正走向世界之时。

还需要向读者说明的是，本书旁注所选的包括大量宁夏岩画在内的中外部分精彩岩画图，直观而形象地介绍了世界岩画及宁夏岩画。看着这些图就是一种艺术欣赏和享受。本书岩画线图采用《贺兰山与北山岩画》《外国岩画发现史》2书。

最后，我由衷地感谢西北第二民族学院谢

灵武横山二道沟·动物岩画

驴尾沟·射猎岩画

贺兰山归德沟·人面像岩画

玉杰院长拨冗作序;感谢自治区文化厅王邦秀厅长、薛亚平副厅长、二民院吴建伟所长、束锡红副所长及出版社责编何克俭主任、特邀编辑曹海英,是他们的热心支持才使这本书得以问世。感谢我的妻子和儿子,他们给了我最大的支持和关爱,更要感谢我的弟弟祥岗,他为我、为岩画,付出得太多太多,我不会忘记的。

作　者

2004 年 10 月 26 日

再版后记

自从 2005 年 1 月《发现岩画》出版以来，这是第二次再版，证明读者和宁夏人民出版社还是喜欢她，这使我感到欣慰。

岩画之所以受到关注，我想个中的原因不外乎是岩画走出荒山野岭，以自己独有的风采展示在世人面前，她朴实、纯真、粗犷、浑厚、雅致，既有原始的神秘又有现代的神韵，既有原始的灵气又有现代的时尚，具有强烈的感染力和艺术魅力。

岩画以造型优美，古拙多姿，内涵丰富，夸张变形而著称，它记录了万年以来的人类历史，它神秘又令人亲近，它朴实无华又绚丽多彩，它百看难解其意，它传统又接近现代，使人在联想中得到启迪，在欣赏中得到灵感。这大概就是今天人们喜欢岩画的原因吧。

这次再版，我增补了 11 个小节，以满足读者的要求，其他部分没有做过多的修改，尽量保持原汁原味。另外，过去有说得不够准确的部分进行了更正。

需要说明的是，书名叫《发现岩画》，自然

作者在贺兰口岩画点（1993 年）

是以我的发现和调查为主线，把我的感受、认识、理解写出来以飨读者。宁夏岩画多是1984年文物普查时各市县文物普查队几百名队员跋山涉水发现的，我只是其中一员。我仅发现了一部分，这亦足矣，我不能也不想夺人之美。限于本书体例、体量、风格，不可能写一本流水帐，望多多谅解。

我还想说，您如果喜欢岩画，又想进一步了解岩画，不妨再翻翻我那本《解读岩画》，也许会给您带来意外的收获。

作　者
2012年2月2日

大麦地·动物岩画